OSCAR ESCALLADA ALLENDE

I0161312

¡MAMÁ, PAPÁ, QUIERO SER FELIZ!

100 RAZONES POR LAS QUE VIVIR Y NO MORIR

1000 PENSAMIENTOS, SENTIMIENTOS Y ACCIONES
PARA SER FELIZ CONTINUAMENTE

TAG Publishing, LLC
2030 S. Milam
Amarillo, TX 79109
www.TAGPublishers.com
Office (806) 373-0114
Fax (806) 373-4004
info@TAGPublishers.com

ISBN: 978-1-59930-413-7

Primera Edición

Copyright © 2012 Oscar Escallada Allende

Título en inglés: You were born happy! Traducción por autor
Oscar Escallada

Descuentos por volumen están disponibles en pedidos al por
mayor Contacte info@TAGPublishers.com por información.

OSCAR ESCALLADA ALLENDE

¡MAMÁ, PAPÁ, QUIERO SER FELIZ!

100 RAZONES POR LAS QUE VIVIR Y NO MORIR

1000 PENSAMIENTOS, SENTIMIENTOS Y ACCIONES
PARA SER FELIZ CONTINUAMENTE

DEDICATORIA

Dedicado a todos aquellos hombres y mujeres que en algún momento de su vida sintieron la esperanza que la vida se podía mejorar y que tuvieron la valentía de seguir los dictámenes de su corazón.

A mi madre, Milagros Allende, por enseñarme el verdadero significado del amor incondicional, todos los días de mi vida.

A mi padre, José Luis Escallada, por enseñarme desde los primeros años de mi vida que tenía un potencial ilimitado y que los sueños se hacen realidad.

A mis padres, este libro es para vosotros. Mi mayor gratitud por dos de los regalos más preciados que un hijo podría desear, amor incondicional y la fuerza para perseguir mis sueños. Éstos son los pilares sobre los que he construido, estoy construyendo y seguiré construyendo mi vida.

A mis maravillosas abuelitas, que en paz descansen, que vislumbraron mi don mucho antes de que yo incluso lo sintiera. Con el tiempo, la semilla floreció y se hizo realidad en la forma de un libro. Estoy seguro que vuestras almas se alegran. Os envío la sabiduría de este escrito con todo mi amor.

A mi hermano, Chelís, y a mis dos hermanas, Yolanda y Laura. Gracias por enseñarme las lecciones importantes en la vida.

A todos mis amigos y compañeros de trabajo. Os dedico las palabras de este libro con la esperanza de que os ayuden ante los innumerables retos de la vida diaria.

A mi media naranja, Carolina Resendiz, gracias por quererme, apoyarme en cada paso del camino y animarme en los momentos difíciles.

A todos mis seguidores en www.happyglobe-oe.com

Este libro es para vosotros.

¡Qué Dios os bendiga!

La vida es una obra de teatro donde no hay ensayos... Así que, canta, ríe, baila, llora y vive con pasión cada minuto de tu vida antes de que la cortina se cierre y la obra se acabe sin ningún aplauso.
Charles Chaplin

ÍNDICE

Prólogo de Bob Proctor 9
Los 10 Secretos Perdidos de la Felicidad 12
El comienzo de la Búsqueda 19
INTRODUCCIÓN 22

PRIMERA PARTE. LAS EDADES DE LA FELICIDAD
1. El niño. La felicidad natural 29
2. El adulto. Los diez reinos de la felicidad 35
3. El viejo. La sabiduría ancestral 38

SEGUNDA PARTE. 100 VALORES DE LA FELICIDAD
1. Pensamientos 59
2. Sentimientos 73
3. Acciones 89
4. Ser Individual 104
5. Ser Social 119
6. Salud 136
7. Posesiones 154
8. Profesión 170
9. Finanzas 187
10. Espiritualidad 202

TERCERA PARTE. LA PRÁCTICA DE LA FELICIDAD
1. Práctica diaria 219
2. El poder de la mente 223
3. Inteligencia emocional y social 224
4. ¿Cómo puedo ser más feliz? 226
5. ¡Comience a crear milagros en su vida! 228

CONCLUSIÓN
1. Una vida extraordinaria 230
2. Autor: Oscar Escallada 234
3. Happy Globe 236
4. Programa de Coaching en Felicidad 238

Prólogo de Bob Proctor

Muchos de los grandes filósofos y mentes brillantes conocían el secreto para una vida feliz y exitosa. Ellos fueron las grandes personalidades de la historia: Platón, Shakespeare, Newton, Lincoln, Emerson, Edison y Einstein, entre otros. He pasado la mayor parte de mi vida adulta estudiando a las personas; por qué hacemos lo que hacemos y por qué no hacemos algunas de las cosas que deberíamos. Ahora, Óscar Escallada les presenta el secreto del éxito y la felicidad de una forma accesible y clara para que cada persona lo pueda entender y aplicar a sus vidas.

Desde muy joven, Óscar siempre tuvo esa sensibilidad interna para darse cuenta que algo importante iba a suceder en su vida. Siempre agradecido por todo lo que la vida le había dado, los valores que sus padres le inculcaron le sirvieron de guía en la vida. Su historia es muy inspiradora, cómo llegó a la cima del éxito profesional y personal partiendo de comienzos modestos. Enseña los mismos principios que él aplicó para lograr una vida feliz.

Todos tenemos la capacidad de escoger nuestra forma de vivir y los resultados que queremos obtener; este concepto es nuevo para la mayoría de las personas. Todo comienza en la mente. Cambie su forma de pensar y cambiará su vida. Sus pensamientos crean imágenes mentales, estas imágenes crean sentimientos y estos sentimientos positivos producen acciones positivas, las cuales a su vez, producen resultados maravillosos en todas las áreas de la vida. Además de aportar información clara y muchas historias inspiradoras, Óscar tiene el talento de poder transmitir estas poderosas lecciones de una forma muy fácil de entender.

El clásico libro de Napoleón Hill, "Piense y Hágase Rico", quizá haya transformado más vidas y ayudado a más personas a crear riqueza que cualquier otro libro en la historia. Desde su publicación en 1937, se han vendido millones de copias en todo el mundo. Sigue siendo uno de los libros más vendidos en su área. Este libro, "¡Mamá, Papá, Quiero ser Feliz!", está basado en los mismos principios de dicho bestseller y en las enseñanzas de "Nacido para ser Rico".

He dedicado más de cuatro décadas al estudio del potencial humano. He experimentado circunstancias personales similares a las de Óscar en mi vida y he aplicado los mismos conceptos para crear una realidad nueva totalmente diferente. "¡Mamá, Papá, Quiero ser Feliz!" puede ser su primer paso hacia una vida mucho más feliz. En el momento que entendemos por qué producimos ciertos resultados, entendemos qué necesitamos para seguir adelante. Para muchas personas esta enseñanza es toda una experiencia vital que les puede cambiar la vida.

A medida que viaje por sus páginas y aprenda los secretos de una vida feliz, aprenderá cómo tener, ser o hacer cualquier cosa que se proponga. Se dará cuenta que posee todos los recursos necesarios para disfrutar de una existencia feliz y extraordinaria. Decida y haga el compromiso ahora mismo de vivir una vida que merezca la pena. Su vida nunca volverá a ser la misma.

Bob Proctor, Maestro de El Secreto y autor del bestseller internacional "Nacido para ser Rico".

¡LOS 10 SECRETOS ANCESTRALES

DE LA FELICIDAD!

1.EL MAYOR TESORO EL PODER DE SU MENTE

Desarrolle confianza en sí mismo, descubra lo que desea, cree diferentes opciones, supere obstáculos, produzca los resultados que desea y adquiera la sabiduría del éxito

2.EL SECRETO DE LA FELICIDAD INCREMENTE LAS EMOCIONES POSITIVAS Y ELIMINE LOS ESTADOS EMOCIONALES NEGATIVOS

Pasado: Céntrese en lo positivo, aprenda y sigua el camino.
Presente: ¿Qué emociones positivas desea? Cree las condiciones.
Futuro: Esperanza, optimismo y acción son sus mejores amigos.

3. El MAYOR LOGRO DE LA RAZA HUMANA LA LIBERTAD DE ACCIÓN

Encuentre un POR QUÉ poderoso que desate todo su potencial.
¿Qué haría si no pudiera fallar en nada?
Hágase un experto en dar más significado a su vida.

4. SU CÓDIGO PERSONAL DE EXCELENCIA

¿Cómo le gustaría ser en todas las áreas de la vida: pensamientos, sentimientos, acciones, virtudes individuales, relaciones sociales, salud, posesiones, profesión, riqueza y experiencia espiritual?

5. USTED ESCOGE SU VIDA CONQUISTANDO LAS RELACIONES HUAMANAS

Usted escoge qué tipo de relación quiere tener consigo mismo, como hijo/hija, hermano/hermana, amigo/a, pareja, en el trabajo, en la comunidad, como padre, como abuelo y con el mundo entero

¡LOS 10 SECRETOS ANCESTRALES

DE LA FELICIDAD!

6. SALUD = LA SABIDURÍA DE LA VIDA EQUILIBRADA

Tome inmediato control de la armonía mente-cuerpo, desarrolle inteligencia emocional, disfrute de un cuerpo espectacular, mejore sus relaciones sociales y dé lo mejor de sí en el trabajo.

7. ¡LO PUEDE CONSEGUIR TODO!

De la falta de entendimiento a resultados extraordinarios, de un rendimiento mediocre al éxito y excelencia, y de la pobreza y el vacío existencial al sentido de la vida.

8. ¿A QUÉ QUIERE DEDICAR SU VIDA?

De la rutina y el aburrimiento a la realización de su profesión ideal mediante una excelente planificación y ejecución. Domine el arte de las relaciones humanas, el carisma y el liderazgo. ¡Muestre su don al mundo!

9. ¿CUÁNTO DINERO QUIERE?
¿QUÉ ESTÁ DISPUESTO A HACER PARA CONSEGUIRLO?

De la confusión a la claridad absoluta, de principiante a experto y de una existencia sin sentido a su legado como persona.

10. ¡DESARROLLE SU LADO ESPIRITUAL!

Primero, haga algún trabajo social o ayude a alguien. Segundo, desarrolle y disfrute la experiencia espiritual.
Por último, aprenda lo más que pueda y deje que su sabiduría interior le guíe en el camino de la vida.

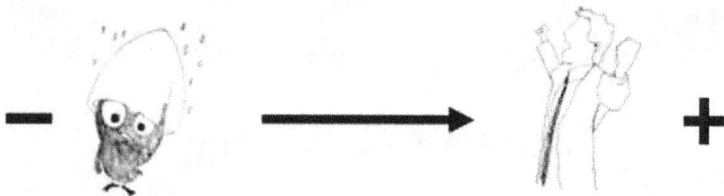

100 VALORES DE LA FELICIDAD

1. Baja Autoestima	-	Autoimagen Espectacular
2. Baja Autoconfianza	-	Alta Autoconfianza
3. Confusión	-	Claridad
4. Indecisión	-	Poder de Decisión
5. Indiferencia	-	Compromiso
6. Falta de Fé	-	Autocreencia
7. Aburrimiento	-	Entusiasmo
8. Ineficiencia	-	Eficiencia
9. Ineficacia	-	Resultados
10. Ignorancia	-	Sabiduría

SENTIMIENTOS

11. Arrepentimiento	-	Orgullo Sano
12. Ceguera	-	Agradecimiento
13. Tristeza	-	Alegría de Vivir
14. Infelicidad	-	Felicidad
15. Falta de Afecto	-	Amor
16. Egoísmo	-	Generosidad
17. Duda	-	Firme Resolución
18. Pasividad	-	Pasión
19. Preocupación	-	Esperanza
20. Pesimismo	-	Optimismo

ACCIONES

21. Inconsciencia	-	Poder Ilimitado
22. Ignorancia Emocional	-	Inteligencia Emocional
23. Parálisis	-	Motivación Total
24. Postergación	-	Virtudes Personales
25. Relaciones Pobres	-	Relaciones Satisfactorias

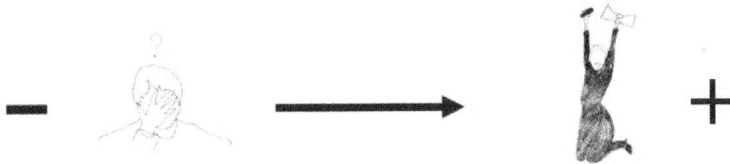

26. Problemas de Salud	-	Larga y Saludable Vida
27. Mediocridad	-	Excelencia
28. Resultados Mediocres	-	Mejora Continua en Trabajo
29. Estudiante	-	Experto en Riqueza
30. Vacío	-	Sentido en la Vida

SER INDIVIDUAL

31. Caos	-	Orden
32. Falta de Control	-	Autocontrol
33. Vagancia	-	Determinación
34. Inmadurez	-	Madurez
35. Falta de Compromiso	-	Liderazgo
36. Exceso	-	Moderación
37. Irregularidad	-	Persistencia
38. Apatía	-	Duro Trabajo
39. Falta de Control	-	Independencia Financiera
40. Falta de Fé	-	Religión & Espiritualidad

SER SOCIAL

41. Ignorancia	-	Autoconocimiento
42. Relaciones Tóxicas	-	Gratitud
43. Conflictos Familiares	-	Comprensión entre Hermanos
44. Resentimiento	-	Lealtad entre Amigos
45. Amor Condicionado	-	Amor Incondicional
46. Mediocridad	-	El mejor Siempre
47. Desinterés	-	Responsabilidad Social
48. Desatención	-	Atención
49. Inexperiencia	-	Sabiduría
50. Individualidad	-	Unión con la Humanidad

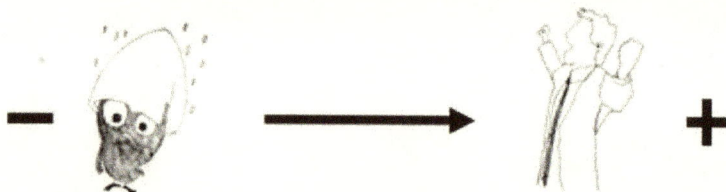

SALUD

51. Debilidad	-	Higiene Mental
52. Angustia	-	Armonía Mente-Cuerpo
53. Desconocimiento	-	Control de Emociones
54. Falta de Control	-	Estabilidad de Carácter
55. Cuerpo Enfermizo	-	Cuerpo Espectacular
56. Enfermedad	-	Larga Vida
57. Familia Desintegrada	-	Familia Feliz
58. Soledad	-	Buenas Relaciones
59. Desequilibrio	-	Familia & Trabajo
60. Desorientación	-	Ambición Saludable

POSESIONES

61. Debilidad Mental	-	Mente Poderosa
62. Pobreza Emocional	-	Riqueza Emocional
63. Resultados Pobres	-	Resultados Extraordinarios
64. Mediocridad	-	Desarrollo de Potencial
65. Limitaciones	-	Conciencia de Abundancia
66. Adicciones	-	Ocio Saludable
67. Fracaso	-	Éxito
68. Bajo Rendimiento	-	Excelencia
69. Escasez	-	Riqueza Increíble
70. Vacío existencial	-	Propósito en la Vida

PROFESIÓN

71. Frustración	-	Profesión de Ensueño
72. Rutina	-	Felicidad en el Trabajo
73. Falta de Planificación	-	Plan de Búsqueda de Trabajo
74. Síndrome "Quemado"	-	Desarrollo Continuo
75. Relaciones Difíciles	-	Experto Negociador

76. Empleado — Hombre de Negocios
77. Falta de Estrategia — Tácticas de Guerra
78. Individualismo — Trabajo en Equipo
79. Bajos Ingresos — Un Millón de Dólares
80. Empleado — Millonario

FINANZAS

81. Indeterminación — Claridad
82. Inseguridad — Poder
83. Laberinto — Concentración & Plan
84. Larva — Mariposa (Metamorfosis)
85. Visión Limitada — Visión Mundial
86. Realidad — Realización de Sueños
87. Pobreza — Verdadera Riqueza
88. Debilidad — Fuerza
89. Mentalidad de Pobre — Mentalidad de Rico
90. Falta de Recursos — Riqueza

ESPIRITUALIDAD

91. Desconocimiento — Teoría
92. Teoría — Práctica
93. Deseos — Plan de Acción
94. Impotencia — Milagros Diarios
95. Egoísmo — Responsabilidad Social
96. Frustración — Felicidad
97. Fragilidad — Fuerza
98. Duda — Espiritualidad en el Trabajo
99. Desequilibrio — Vida Equilibrada
100. Desorientación — Sabiduría de la Felicidad

EL COMIENZO DE LA BÚSQUEDA

Como dicen los sabios, el paso más difícil en cualquier cosa es siempre el primero. Demos el primer paso juntos. Como en el dibujo, usted es ese hombre mirando el basto paisaje y reflexionando. Las montañas, los ríos y el cielo azul han estado ahí millones de años. ¿Sabe lo que le están preguntando? Están susurrando: ¿Qué va a hacer con su vida? ¿Qué va a hacer con todos los minutos que le fueron dados? ¡Sólo tiene una vida, haga que sea una experiencia increíble!

Estimado lector, le invito a que considere dicho consejo y que haga que su vida merezca la pena. Primero, sueñe sin límite. Segundo, escoja los tres sueños más importantes. Tercero, haga un plan diario y sígalo con disciplina y determinación. Cuatro, intente enriquecer su experiencia espiritual, le dará fuerza y le ayudará a tomar las decisiones correctas en los momentos difíciles. Además, no olvide darse pequeñas y habituales recompensas por sus éxitos y sienta agradecimiento por cada minuto que recorra en el camino de su vida. Finalmente, nunca deje de perseguir sus sueños.

El único fracaso real en la vida es desistir, el resto son simplemente resultados, aprenda y siga su camino.

Hace muchos años leí que los grandes artistas de todos los tiempos mencionaban que simplemente eran meros medios de su trabajo, co-creadores de una inexplicable inspiración. Ahora creo que lo entiendo, me siento igual. No sé por qué he sentido la llamada y el deseo de escribir un libro sobre la felicidad durante muchos años. No sé de dónde vienen las ideas, la estructura de este libro y cómo plasmarlas. Yo simplemente me relajo, tengo una idea general de lo que quiero transmitir y el resto lo dejo en manos de Dios.

Mi humilde objetivo es doble. Por un lado, me gustaría que este trabajo sirva de inspiración y esperanza a cada persona de este planeta que alguna vez sintió la inquietud de cómo ser un poquito más feliz. Por otro lado, me gustaría hacer mi contribución a la humanidad, explicando la esencia de la felicidad y haciendo que el querido público se dé cuenta que todos somos iguales. Todos queremos tener una vida más feliz, más próspera y más saludable. También me gustaría que el lector siguiera el movimiento internacional que hemos creado en la página web www.happyglobe-oe.com Nuestro objetivo es compartir felicidad con el mundo.

El gran secreto de la felicidad es su vivencia mental cada segundo de su vida. Aprenda a controlar sus pensamientos y su vida cambiará de forma milagrosa. ¡Recuerde, para ser feliz, simplemente tiene que permitirse a sí mismo ser feliz en el momento presente, AHORA! El antídoto para la infelicidad es el siguiente:

• El pasado. Deje las experiencias negativas del pasado allí, en el pasado. Aprenda de la experiencia y siga con su vida.

• El presente. Dése el permiso de ser feliz ahora todo el tiempo.

Sea consciente de todas sus bendiciones, de la maravillosa maquinaria perfecta que es su cuerpo, del poder de su mente, del increíble mundo de los sentimientos y de la alegría de vivir aquí y ahora. Y también de disfrutar de la naturaleza, de disfrutar de hacer algo que le apasione, de dar y recibir amor, y de aprender a sentir paz mental y la vivencia espiritual.

- El futuro. Tenga siempre algún sueño, algún proyecto, algo que le ilusione. Esto le ayudará a superar los inevitables obstáculos de la vida diaria.

INTRODUCCIÓN

Le animo a que juntos comencemos una nueva aventura. Saquemos el máximo partido a los días, horas y minutos que nos fueron dados en la tierra, creando así una vida más satisfactoria, más enriquecedora y mucho más feliz.

Me llamo Oscar Escallada, acabo de cumplir 40 años y soy español de una preciosa ciudad del norte de España llamada Santander. Desde muy joven sentí la pasión por los libros, el conocimiento, la aventura, el éxito y la felicidad. He experimentado éxitos pero también fracasos en las diferentes áreas de la vida, como todo el mundo. Mi formación académica incluye tres carreras universitarias (psicología, traducción/interpretación y ciencias políticas) y cuatro másters (psicología clínica, gestión hotelera, recursos humanos y administración de empresas).

Llevo media vida viajando, trabajando y estudiando en diferentes países (Estados Unidos, Canadá, Reino Unido, Alemania, Francia, México y Cuba). A día de hoy trabajo en Cuba como director general de hotel de una importante empresa española internacional.

¿Por qué este libro ahora?

Mi pasión es la psicología positiva. Es la ciencia que estudia cómo maximizar el nivel de satisfacción personal en la vida de las personas, en contraposición a la psicología tradicional, centrada más en problemas clínicos como la depresión, ansiedad y numerosos trastornos mentales.

He leído más de 500 libros sobre felicidad, éxito, relaciones humanas y diversas áreas de la vida y considero que es mi momento de expresar al mundo que hay esperanza, que la vida es una maravillosa aventura y que la realidad es simplemente una interpretación personal y muy subjetiva de lo que la mayoría de las personas llaman existencia.

¿Qué diferencia este trabajo del resto?

Hay toneladas de libros y programas sobre la felicidad en el mercado.

Sin embargo, cada vez que leo un libro sobre este tema siempre acabo con dos problemas. Uno, no me acuerdo de la mitad de lo que he leído, y el otro, el libro no explica cómo se puede aplicar a los retos diarios.

En este libro intenté solucionar ambos. Es un mapa del tesoro que le llevará a un maravilloso viaje donde descubrirá quién es en realidad, qué anhela su corazón y cómo conseguirlo. Veremos las tres edades de la felicidad, los diez reinos donde se esconden los tesoros de la felicidad y el ancestral arte de aplicar la ciencia de la felicidad a la vida diaria.

¡Comencemos el viaje. Su vida ya nunca será igual!

¿Cuál es mi secreto?

Mi secreto es el de los antiguos filósofos griegos y los grandes

científicos de la psicología moderna."La realidad no existe", dicha percepción de la realidad es simplemente una mera interpretación basada en nuestras creencias, sueños, estados de ánimo y esperanzas.

Mi fórmula de la felicidad es conseguir un estado mental constante de gratitud por todo lo que nos ofrece la vida, de la alegría que produce tener aspiraciones e ilusiones, y sobre todo, de amor no sólo por nuestros seres queridos sino también por nuestros semejantes.

¿Cómo lo puede aplicar a SU vida?

Es fácil si sabe cómo: concentre sus pensamientos, sentimientos y acciones en aquello que anhela su corazón y le aseguro que sus sueños se harán realidad. Usted, yo, todos llevamos el genio de la lámpara de Aladino en nuestro interior. Sólo tenemos que creer en esa fuerza interior, centrarnos en nuestros sueños, perseverar, y en la mayoría de las ocasiones, nuestros sueños se harán realidad mucho antes de lo pensamos que sería posible.

¿Cómo puede tener una vida MÁS feliz?

1. Averigüe qué quiere realmente. Si no está seguro,

investigue, pregunte, experimente y, sobre todo, escúchese a sí mismo. Estoy seguro de que lo encontrará. Lo que busca, también le está buscando. Imagine la vida como unos grandes almacenes donde puede comprar todo lo que quiera. Sólo tiene que pedirlo.

2. Dé gracias a Dios o al universo por todas las cosas positivas y buenas en su vida dos veces al día, nada más levantarse y al acostarse. Sienta, piense, imagine y actúe como si sus sueños ya fueran realidad. ¡Esos sentimientos de seguridad, ilusión y gratitud son sus más preciadas joyas! Ésos son los tesoros que le harán desarrollar pasión y visión. Serán sus mejores amigos en tiempos de tormenta, cuando su fuerza esté en su punto más bajo.

3. Tenga un plan a largo plazo (10-20 años) y otro plan a corto plazo (1-5 años). El resto es cuestión de seguir el plan sin prisa pero sin pausa y disfrutar del proceso. Puede dejar el pasado donde está. Si puede aprender algo de experiencias pasadas, hágalo; sino, tiene sueños por los que luchar, disfrutando de cada paso.

4. Ayude a otras personas en todo lo que pueda. Cuando consiga todo lo que se propone, ¿qué más querrá?

Cuando haga algo por otras personas sin querer recibir nada a cambio, experimentará una maravillosa sensación de gratitud, satisfacción y felicidad, que muy pocas experiencias pueden igualar.

5. Sea ejemplo de amor. Ámese a sí mismo primero, ame a su pareja, a sus hijos, a sus padres, a sus amigos, a sus compañeros de trabajo, a sus vecinos, a su mascota, a su comunidad, a su nación y a la madre tierra. Será bendecido a cada paso del camino.

¿Por qué este libro es diferente?

Es totalmente práctico. Descubrirá un tesoro (un valor humano poderoso) en cada capítulo. Al final del libro tendrá a su disposición un nuevo juego de herramientas para mejorar su vida.

Será una persona diferente con 1.000 nuevos pensamientos, sentimientos y acciones que le harán más feliz en todas las áreas (mental, física, emocional, profesional, financiera, social y espiritual).

Lo más importante para la felicidad constante es su vivencia mental. Me gusta explicar dos formas de afrontar la vida con una analogía de un jardín. Un jardín sucio y desordenado representa una mente confusa, sin objetivos claros, llena de miedos e inseguridades. Por el contrario, un jardín bien cuidado, limpio y ordenado representa una mente perfectamente organizada, centrada en todas las cosas bonitas de la vida, rechazando todo lo que cause infelicidad y sufrimiento.

Antes de adentrarnos en los diferentes reinos para buscar los tesoros, me gustaría hacerle algunas preguntas importantes. Medite sobre ellas y busque la respuesta mientras hace su camino a través de los diez reinos. Soñemos juntos:

1. En primer lugar, relájese en el lugar favorito de su casa.

2. Imagine que está hablando con el genio de la lámpara.

3. Tenga en cuenta que lo peor que le puede pasar a cualquiera es llegar a la última etapa de su vida con sentimientos de arrepentimiento por no haber sido lo suficientemente valiente de hacer todo lo posible por hacer realidad sus sueños. Y lo opuesto. Se sentirá totalmente bendecido al final de sus días si puede decir: "¡Hice todo lo que puede con lo que tenía. Lo intenté con todas mis fuerzas. El miedo nunca ganó la batalla!".

4. Imagine que tiene 90 años y está sentado en su silla preferida en la entrada de su casa, disfrutando de una puesta de sol maravillosa en una tarde de verano, evaluando su vida, sus éxitos y fracasos, alegrías y penas, subidas y bajadas y toda la aventura de la vida. Pregúntese: "Si pudiera nacer de nuevo, ¿qué haría diferente? Si supiera que no puedo fallar, ¿a qué dedicaría cada minuto de mi tiempo despierto?".

¡NO TIENE QUE LLEGAR A LOS 90 AÑOS! CREE EN SU MENTE AHORA MISMO LA VIDA DE SUS SUEÑOS Y HÁGALO REALIDAD

POR FAVOR, ES DE VITAL IMPORTANCIA QUE CONTESTE A LAS SIGUIENTES PREGUNTAS:

1. ¿Qué tipo de pensamientos quiere tener?

----

2. ¿Qué sentimientos anhela?

----

3. ¿Qué acciones quiere emprender?

----

4. ¿Quién quiere ser?

----

5. ¿Qué relaciones sociales le gustaría desarrollar?

----

6. ¿Cómo sería su cuerpo ideal y su estado de salud?

----

7. ¿Qué quiere tener (coches, casas, ...)?

----

8. ¿Cuál es su profesión ideal?

----

9. ¿Cuánto dinero quiere?

----

10. ¿Qué tipo de experiencia espiritual desea?

CONFUSIÓN
VAYAMOS JUNTOS DE LA CONFUSIÓN AL ORDEN, DEL POLO NEGATIVO AL POLO POSITIVO DE LOS 100 VALORES HUMANOS

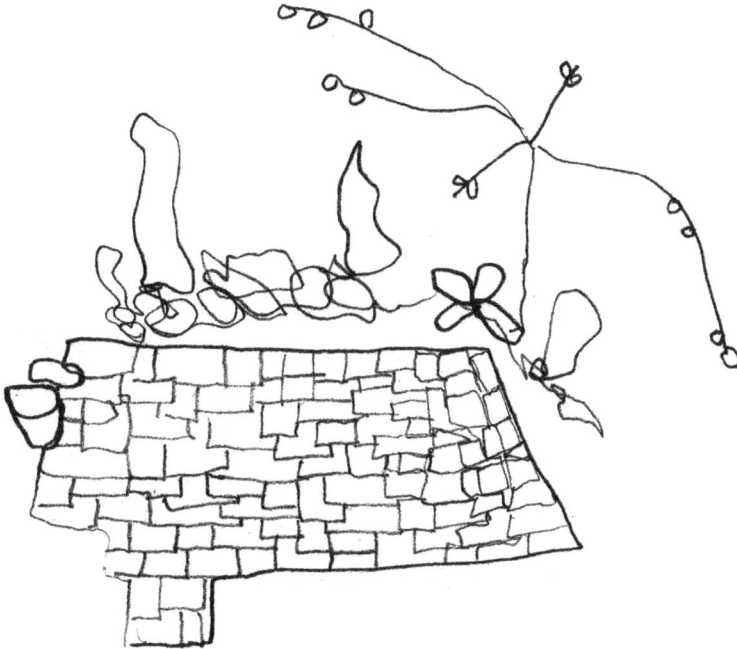

ORDEN

EL NIÑO

Niño: ¡Mamá, papa, quiero ser feliz!

Madre: Querido hijo, ¿no eres feliz?

Niño: Bueno, sí, a veces, no siempre.

Madre: Recuerda hijo mío que la felicidad no es una meta que alcanzas, sino un proceso que disfrutas todos los días. Escúchate a ti mismo, estate agradecido por todo lo que eres, por tu poder ilimitado, por el incalculable valor de tu cuerpo, de tu mente, por la riqueza de tus relaciones, por tu capacidad de amar, por tu posibilidad de soñar y por la alegría de poder compartir tu talento con otras personas.

1. **Niño:** ¡A veces estoy confuso!

Padre: No te preocupes, eso le pasa a todo el mundo de vez en cuando! Pregúntate lo que quieres con todas tus fuerzas, cree en ti, crea una imagen mental de tus sueños, toma acciones diarias hacia tus sueños y una gran sensación de claridad te inundará.

2. **Niño:** ¿Por qué me siento triste a veces?

Madre: Sentirse triste es un estado temporal. Normalmente sucede porque no obtenemos aquello que queremos. Soluciona la causa y lo solucionarás. Y no olvides centrarte siempre en gratitud, perdón y amabilidad.

3. **Niño:** ¿Qué puedo hacer para ser feliz?

Padre: Escucha el deseo de tu corazón, ten fé en ti mismo y haz algo todos los días que te acerque a esos sueños. Te aseguro que serás feliz.

4. **Niño:** ¡Quiero ser popular como Pedro!

Madre: Si quieres que te amen, ama de forma incondicional.

Primero, averigua cuáles son tus talentos y habilidades, ayuda a todos aquellos que puedas y todo el mundo te tendrá cariño.

5. **Niño:** ¿Cómo soluciono un problema con un amigo?

Padre: A veces queremos tener razón y no escuchamos a otras personas. Sé amable y cariñoso, escucha con compasión y ayuda a tus semejantes, la gente te amará.

6. **Niño:** ¡Me siento cansado la mayor parte del tiempo!

Madre: Lo primero, debes estar apasionado por la vida, intenta

disfrutar de cada minuto, independientemente de lo que estés haciendo. Segundo, cuida tu cuerpo y tu cuerpo te cuidará. Dale buena comida, mucho descanso y ejercicio.

7. **Niño:** ¡Quiero tener todo lo que desee!

Padre: Y lo tendrás, no tengo la menor duda. Céntrate en tus

sueños, toma acción diaria, no dañes a nadie, ayuda a tus semejantes lo más que puedas y el universo te proveerá del resto.

8. **Niño:** Juan, mi mejor amigo, sabe exactamente lo que quiere hacer cuando sea mayor. ¿Cómo puedo saberlo?

Madre: Imagina que estás en tu propio entierro, viendo a todo el mundo que te fue a despedir. ¿Qué te gustaría que dijeran de ti? Y más importante ¿Cuáles te gustaría que fueran tus últimos pensamientos? pensamientos que resuman tu vida y llenen tu corazón de orgullo y satisfacción, dibujando una placentera sonrisa en tu rostro ¡Ése es el propósito de tu vida!

9. **Niño:** ¡Quiero ser rico!

Padre: Muy bien hijo. Escribe la cantidad exacta que quieres, pon la fecha para cuándo lo quieres y el servicio que estás dispuesto prestar a la sociedad, toma acción inmediata, desarrolla disciplina y perseverancia y lo conseguirás.

10. **Niño:** ¿Crees en Dios?

Madre: Creo en las leyes universales, creo que todos tenemos una

dimensión espiritual y creo en la bondad del ser humano. Pero eso es algo que debes encontrar por ti mismo.

¿POR QUÉ NACIÓ USTED PARA SER FELIZ?

¿Sabía que la felicidad es importante? Los niños felices aprender mejor, los empleados felices rinden más en el trabajo, incluso las vacas felices producen leche de mejor calidad. Tanto políticos como economistas se han dado cuenta que las naciones más ricas no son necesariamente las más felices. ¡Lo más importante para cualquier persona es ser feliz con su vida! En realidad ser feliz es un regalo. Un regalo para usted lo primero, para su familia, para todos aquellos con los que se comunica y para toda la sociedad.

Por alguna extraña razón siempre encontramos excusas para no permitirnos ser felices en el momento presente, pero desgraciadamente el futuro nunca llega. "Seré feliz entonces…" parece que es la regla no escrita en nuestra sociedad. Pero no tiene que esperar a que pase algo para ser feliz. ¡Sea feliz ahora y eso traerá felicidad también en el futuro! Sino, ¿cuándo piensa ser feliz? ¿cuando empiece la universidad o cuando acabe la universidad y empiece su primer trabajo?¿cuando compre el coche?¿cuando tenga novia o novio? ¿cuando sus hijos se vayan de casa?¿cuando se jubile? Así que, por favor, sea feliz AHORA.

¡Nada ni nadie le podrá hacer feliz en un millón de años! Usted es el centro de su universo, sólo usted se podrá hacer feliz, no este libro, ni este curso, ni otros cursos. Recuerde siempre, ponga en su mente lo que quiera ver fuera en el mundo. Tome la decisión de ser feliz. No tiene que hacer nada para ser feliz. Haga de su felicidad la prioridad número uno, no ponga la felicidad al final de una lista de tareas interminable.

Hagamos un ejercicio juntos ahora mismo. Permítame

demostrarle que no necesita nada para sentirse feliz, tener paz mental y sentirse parte del universo. Relájese, ponga algo de música relajante y pida que no le molesten por un rato, respire profundamente. Simplemente permítase ser feliz ahora, sin pretensiones, sin forzar, simplemente sea... no haga nada y sienta esa maravillosa sensación de absoluta felicidad, no se limite a ningún estereotipo, fluya y permita a la felicidad entrar en todo su ser. Nació con todo lo necesario para ser feliz, olvide cualquier objeción, no existe "quiero ser feliz, pero...", olvide los peros, relaje la tensión, éste es el mejor momento de su día, el mejor día de su vida, su regalo a Dios.

No tiene que ser perfecto, disfrute de ser usted mismo. La felicidad es una sensación profunda de bienestar, renunciando a cualquier resistencia. Tome la decisión ahora mismo de vivir el presente, olvide el pasado y el futuro. AHORA, la vida se vive siempre en el momento presente. Diga sí a la felicidad todo el tiempo. Sea libre. Perdone y olvide. No necesita una razón. La felicidad es el estado natural del ser humano. "Feliz sin justificación alguna", ése es su nuevo lema. No se pase la vida diciendo: "seré feliz cuando ...", simplemente sea feliz ahora y cada segundo de su vida.

Otros tres elementos le pueden ayudar a incrementar su nivel de satisfacción en el momento presente. Son: su concepción general de la vida, del pasado y del futuro. Como mencionamos antes, ¿qué es la percepción y qué es la realidad? Las buenas noticias es que usted es el dueño de su mente, usted decide lo que las cosas significan para usted. Céntrese sólo en lo positivo, espere sólo lo mejor de la vida y eso es precisamente lo que experimentará.

En cuanto al pasado, todos tenemos lecciones que aprender y experiencias negativas, ése es el proceso del crecimiento. Aprenda del bebé. Se cae miles de veces antes de aprender la difícil habilidad de andar con las dos piernas. ¿Ha visto alguna vez un bebé quejarse del proceso de aprender a andar?

Para el futuro, le pido por favor que tenga sueños, preferiblemente grandes sueños, le convierte en una persona interesante cuando está interesado en la aventura de la vida. Cuanto más grande y fuerte sea su deseo por algo, mayor será su fuerza para superar las dificultades.

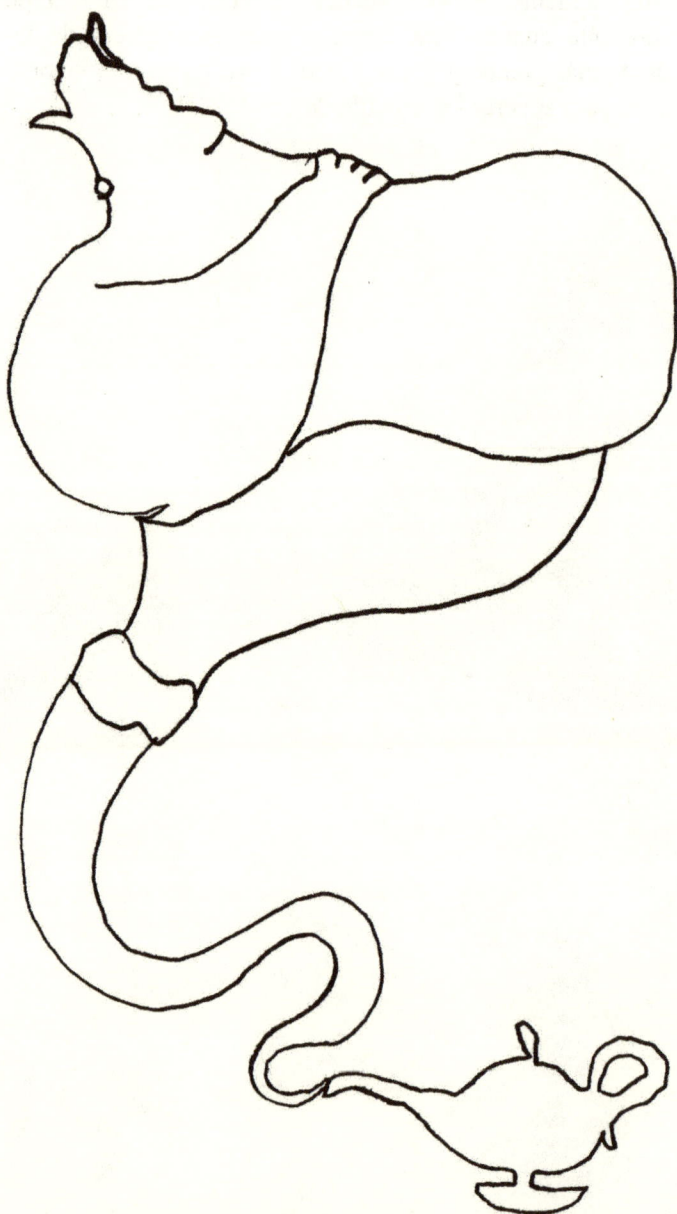

2. EL ADULTO

LOS DIEZ REINOS DE LA FELICIDAD

En el niño nos dimos cuenta que el ser humano nace en un estado natural de felicidad. Es, sin embargo, la búsqueda de la felicidad lo que nos hace infelices, ¡menuda paradoja!

Me gustaría que este libro fuera su compañero en una búsqueda muy personal de su felicidad. Me gustaría que se imaginara que tiene una misión por cumplir. Imagine un mapa tipo el Señor de los Anillos, pero de la felicidad. Para llegar al objetivo final de la felicidad, tendrá que pasar por 10 reinos (10 áreas de la vida). En cada reino, podrá encontrar 10 tesoros (la parte positiva de diez valores humanos) y 100 joyas en cada área de la vida (100 pensamientos, sentimientos y acciones). Así, al final de su viaje de descubrimiento, tendrá 1.000 herramientas para su mente, su corazón y su conducta que le llevarán a una vida mucho más feliz.

Usted nació con todo lo necesario para ser feliz y eso es todo lo que hay que saber para ser feliz. Puede que suene muy simple, pero no deje que dicha simplicidad le engañe. Simple no quiere decir fácil. Por ejemplo, todos sabemos que una dieta saludable se basa en comer fruta, verduras, vitaminas y mucha agua. Es simple pero no mucha gente encuentra fácil evitar la comida basura y seguir una dieta saludable.

La clave de la felicidad es la conciencia de dicha felicidad. Desgraciadamente todos hemos sido programados con mensajes negativos desde que nacimos, pasando por la niñez, la escuela, algunas personas la universidad, la vida laboral e incluso algunos llevan dicho condicionamiento negativo a la tumba.

Pero, ¿sabe una cosa? Que todos llevamos un genio dentro, en nuestro espíritu. Está ahí y está esperando a que le diga lo que quiere y necesita. El genio dice: "Querido maestro, crea en usted mismo y crea en mí. Juntos podemos conseguir lo que nos propongamos. Pida su deseo y le será concedido".

CONOZCA A LOS DIOSES Y SU NUEVA VIDA

Querido lector, ¡no está solo! Como dijo Alfred Einstein: "La imaginación es mucho más importante que el conocimiento". Esto significa que puede hacer uso de una de sus facultades mentales (imaginación) para apoyarle en cualquier proyecto que necesite. Hace muchos años leí que cuando uno se siente solo o confundido, se puede relajar en un lugar tranquilo y pedir a sus personalidades favoritas (políticos, actores famosos, cantantes, filósofos, etc...), vivas o muertas, cualquier cosa que le preocupe. Es decir, imagine que conversa con ellos. Si ellos lo lograron, ¿por qué usted no?, ¿cómo lo harían ellos? Espere la respuesta y tome acción.

En cada uno de los reinos un dios o una diosa nos ayudará si les necesitamos. Le animo a que aproveche al máximo su ayuda, ya que poseen toda la sabiduría de los siglos. Permítame que le presente a nuestros diez expertos en las diferentes áreas de la vida. Pídales consejo y sígalo, no se arrepentirá:

1. Dios Júpiter. Rey de los dioses y soberano del Monte Olimpo, dios del cielo y del trueno.

2. Diosa Juno. Reina de los dioses y diosa del matrimonio, la familia y el amor.

3. Dios Neptuno. Señor de los mares, terremotos y caballos.

4. Dios Vulcano. Maestro herrero y artesano de los dioses, dios del fuego y de la forja.

5. Diosa Vesta. Diosa del hogar y del orden, de lo doméstico y de la familia.

6. Diosa Hygeia. Diosa de la salud.

7. Dios Plutón. Rey de las riquezas y de la buena fortuna.

8. Dios Mercurio. Señor del mercado, el beneficio y el comercio.

9. Diosa Abundia. Diosa del éxito, la prosperidad, la abundancia, la buena fortuna y protectora de los ahorros, inversiones y riqueza.

10. Diosa Minerva. Reina de la sabiduría y de la experiencia espiritual.

3. EL ANCIANO – LA SABIDURÍA ANCESTRAL

Querido lector, tenga en cuenta una cosa, por favor. ¡Usted puede ser, hacer y tener todo lo que quiera! La realidad no existe y todos tenemos un potencial infinito. ¡Haga que su vida sea una experiencia extraordinaria!

En esta parte me gustaría hacer una reflexión crucial sobre la relatividad de todas las cosas. La realidad es muy relativa y el significado se lo damos nosotros. El significado se crea por comparación. Recuerde siempre: Cuando se enfrente a una situación difícil, compare dicha situación con los conceptos que siguen, le aseguro que le dará mucha fuerza para continuar. La idea es poner nuestra existencia en su perspectiva real, darnos cuenta de nuestra dimensión espiritual y de la relatividad de la vida, nuestros miedos, obstáculos e inseguridades.

1. El planeta Tierra en el universo.

2. La evolución de la raza humana.

3. El misterio de la vida: del nacimiento a la muerte.

4. El misterio de Dios.

5. El secreto de la vida: La ley de atracción.

6. ¿Qué es la realidad? Una cuestión de perspectiva.

7. El poder ilimitado del ser humano.

8. ¿Qué es el miedo y cómo controlarlo?

9. ¿Qué haría si no pudiera fracasar y tuviera todo el dinero y los recursos que necesita?

10. ¿Cuántos minutos de vida le quedan y qué va a hacer con ellos?

1. El planeta Tierra en el universo.

Durante muchos siglos nuestros ancestros pensaban que la Tierra era el centro del universo. Hoy en día, la ciencia nos indica que nuestros ancestros estaban muy equivocados. La Tierra está ubicada en la nebulosa de Orión en el brazo de Perseo, la Vía Láctea. Todavía no se sabe muy bien donde se ubica en relación al resto del universo.

Se estima que solo la Vía Láctea mide unos 1.000 años luz de lado a lado. Si la Vía Láctea fuera un océano, la Tierra sería incluso más pequeña que una pequeña gota de agua. ¿Qué dimensiones tiene el universo? Todavía es un misterio, ya que sólo podemos estimar el tamaño del universo observable con un diámetro de 280 mil millones de años luz.

En realidad vivimos en un minúsculo trozo de tierra por un período muy corto de tiempo. ¿Cree que merece la pena preocuparse demasiado? Nacimos sin nada y nos enterrarán sin nada, no nos podemos llevar nada con nosotros. Lo único que podemos hacer aquí en la Tierra es cuidar nuestro cuerpo, amarnos, amar a nuestros seres queridos y al resto del universo, disfrutar de la vida al máximo (percepción muy personal) e intentar dejar este mundo mejor de lo que lo encontramos.

Todo se reduce a pensar correctamente. Las mentes sabias a través de los siglos están de acuerdo en que, "Como piense el hombre en su corazón, así es su realidad". La ley es siempre la misma. La calidad de nuestros pensamientos determina la calidad de nuestros sentimientos. Emociones positivas o negativas producen una vibración positiva o negativa, que atrae experiencias positivas o negativas. Escojamos, pues, pensamientos positivos con objeto de crear emociones positivas. Generaremos así vibraciones positivas, acciones constructivas y resultados positivos en nuestras vidas.

¡Inténtelo! Siempre funcionó y funcionará. Es la ley del Universo.

2. La evolución de la raza humana.

La teoría moderna de la evolución del hombre nos dice que los humanos y los simios descienden de un ancestro común que vivió sobre la tierra hace unos pocos millones de años. La teoría constata que el hombre emergió como especie por una combinación de factores ambientales y genéticos. Después se produjo la variedad étnica que vemos hoy, mientras que los monos actuales evolucionaron por otra rama diferente.

Se piensa que en el período Pleistoceno en África, Asia y Europa (1.5

– 1 millones de años) algunas poblaciones de Homo Habilis desarrollaron su capacidad cerebral y crearon herramientas más elaboradas. Éstas y otras diferencias hacen pensar a los antropólogos que una nueva especie se creó, el Homo Erectus. Además, dicho Homo Erectus fue el primer ancestro humano capaz de andar sobre dos piernas. Esto fue posible por la evolución de sus rodillas y una ubicación diferente del foramen (el orificio mayor situado en la parte posterior del cráneo). Incluso puede que utilizaran fuego.

Como ven, la historia de nuestros ancestros (Homo Ergaster, Antecesor, Erectus, Rhodesiense, Neardental) comienza hace unos dos millones de años y el moderno Homo Sapiens ha estado en la tierra unos 250.000 años. Si la esperanza de vida de una persona hoy en día es 80 años, en relación a 2 millones, eso es un minúsculo 0,004% de nuestra existencia como especie. Parece insignificante, ¿no?

Además, si comparamos la edad de la tierra (4.500 millones de años) con la edad del ser humano (2 millones de años), eso es 0,04%. Ni siquiera llega al uno por ciento.

¿Se han dado cuenta de que vivimos en una enorme bola de fuego dando vueltas sobre sí misma? Para un viajante del espacio, la Tierra podría parecer como un pequeño, inofensivo y pequeño planeta en la inmensidad de la galaxia.

La Tierra comenzó a formarse hace unos 4.500 millones de años de la misma nube de gas (principalmente hidrógeno y helio) y polvo interestelar que formó nuestro Sol, el resto del sistema solar e incluso nuestra galaxia. Hacia los 4.000 millones de años se formaron la atmósfera de la Tierra (¡no la que conocemos hoy!) y un océano. También la superficie de la Tierra (corteza) comenzó a estabilizarse, creando una superficie sólida con terreno rocoso.

El siguiente período (la era Arqueana) duró unos 1.300 millones de años (de 3.800 a 2.500 millones de años). Aquí se piensa que emergieron los primeros vestigios de vida, o por lo menos, es lo que arrojan los resultados de los estudios de restos fósiles. Puede que haya habido vida antes. También se empezaron a formar las masas de tierra. Las primeras formas de vida fueron las bacterias. Éstas podían sobrevivir en una atmósfera tóxica.

La fotosíntesis empezó a darse hacia el final de la era Arqueana y comienzos de la era Proterozoica, hace unos 2.500 millones de años. De hecho, los primeros fósiles eran una especie de algas verdosas que podían hacer la fotosíntesis. Hace unos 1.100 millones de años los continentes se empezaron a formar y estabilizar, creando el supercontinente Rodinia (aceptado como el primer continente, sin embargo, puede que hayan existido otros anteriores). Aunque Rodinia tenga algunos de los mismos componentes que el continente más popular, Pangea, son diferentes. Pangea se formó hace 225 millones de años y evolucionó a los siete continentes que conocemos hoy.

Hacia el final de la era Proterozoica, la Tierra se aproximaba a su era actual, la era Holocena, también conocida como la Era del Hombre. Así que, hace unos 550 millones de años comenzó el Período Cambriano. Durante este período "explotó" literalmente la creación de vida. Se crearon la mayoría de los grupos de plantas y animales en un tiempo relativamente corto. Hace unos 500 millones de años se produjo una extinción masiva de las especies existentes, dejando espacio para el origen y evolución de nuevas especies de plantas y animales… y entonces, unos 500 millones de años más tarde, surgió la primera especie humana moderna.

3. El misterio de la vida: Del nacimiento a la muerte.

LA MUERTE

¡Comencemos por el final!

En unos cien años como máximo, todos estaremos bajo tierra, ¡no hay vuelta de hoja! Eche un vistazo a este dibujo y piense en ello. Piense en todos los "problemas", preocupaciones y retos que tiene. Cuando se enfadó con su madre o padre porque no le dejaban hacer lo que usted quería. Cuando hizo llorar a su novia/novio, esposa/esposo por alguna razón, la que fuera Cuando tuvo miedo de dejar una seguridad percibida que no le permitía perseguir sus sueños, cuando se enfadó, cuando quiso tener razón delante de todos, cuando…

¿Qué podemos aprender? ¿Qué cree usted que nos dicen todos aquellos que fallecieron? ¿Qué podemos hacer mejor? Por cierto, ¡Éste es el nicho para una tumba que bien podría ser la suya o la mía! Hasta que llegue su hora, ¿qué va a hacer con su vida para que valga la pena? ¿Cómo le gustaría que le recordaran? ¿Le gustaría que sus últimos pensamientos en la tierra fueran de satisfacción, realización y paz mental? Entonces, por favor, ¡comience AHORA mismo a tomar acciones diarias hacia sus sueños y anhelos!

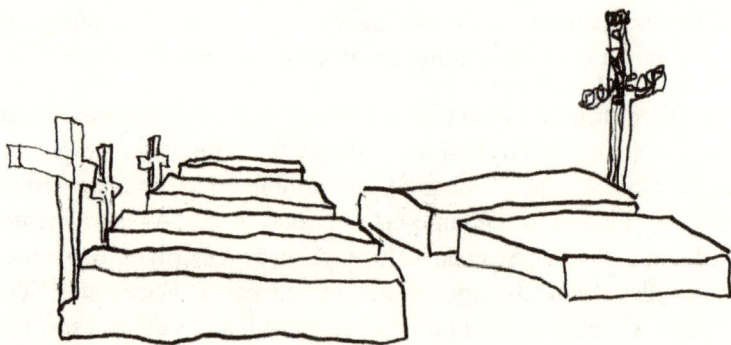

NACIMIENTO

¡Veamos el maravilloso desarrollo de un bebé! Primer Trimestre

Después de la concepción se empieza a desarrollar la placenta. Hacia la cuarta semana el embrión mide aproximadamente un centímetro. Con un mes ya se empiezan a crear las protuberancias de los ojos y los miembros y tras seis semanas ya se puede oír el corazón con ultrasonido.

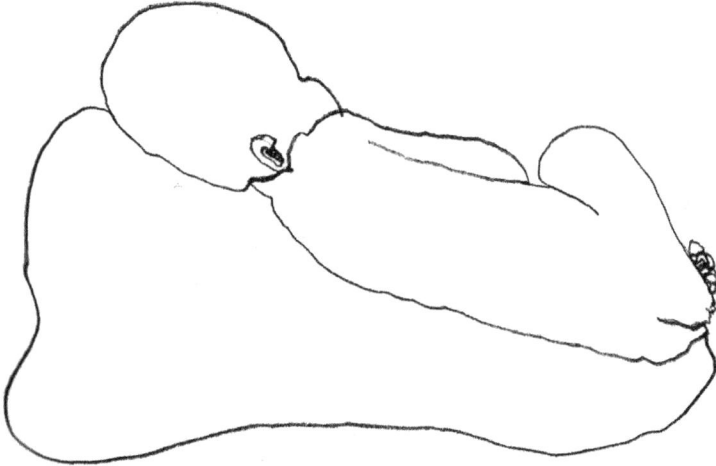

También se puede apreciar el comienzo del tejido nervioso que originará el cerebro y la espina dorsal. Con 5 semanas los tests de embarazo ya detectan la hormona HCG (Gonadotropina Coriónica Humana), segregada por la placenta. Ésta es la base de los tests de embarazo. Todos los fetos son hembra. Si los testículos están presentes, la testosterona, hormona masculina se segrega hacia las 8 semanas y el feto se transforma en masculino. En caso contrario, será hembra.

A las 10 semanas, la mayor parte de los órganos grandes están presentes, excepto los pulmones. Durante el resto de meses, dichos órganos irán madurando. Con 12 semanas se puede escuchar el latido del corazón del feto con un doppler sobre el abdomen de la madre.

Segundo Semestre

Hacia los 4 meses, el feto pesa 200 gramos y mide casi 13 centímetros. El feto ya puede succionar, tragar y hacer movimientos de respiración. Los brazos y las piernas ya están completamente desarrollados.

Con 18 semanas se pueden reconocer los rasgos de la cara y del cuerpo. El feto ahora tiende a moverse mucho aunque la madre no lo sienta. El punto medio de la gestación es a los 5 meses o 20 semanas. El feto ya puede oír el latido del corazón de su madre y su voz; ya duerme y se despierta. El sexo se puede ver con ultrasonido.

Tercer Trimestre

Hacia la semana 28, el feto podría sobrevivir fuera del útero si los pulmones se han desarrollado correctamente. Hacia la semana 38, los pulmones normalmente ya han alcanzado su etapa de madurez y el feto puede sobrevivir fácilmente fuera de la matriz. Con 40 semanas un bebé ya está perfectamente desarrollado, mide 50 centímetros y pesa unos 3, 2 kilos. Hoy en día, la mayoría de los tocólogos no recomiendan el parto más allá de la semana 42.

LAS EDADES DEL HOMBRE

Eric Erickson, psicólogo alemán, vivió en el siglo 20 y se hizo muy famoso por su contribución al estudio de la personalidad, especialmente su desarrollo a lo largo del ciclo vital. Según sus estudios, los seres humanos atravesamos ocho etapas:

Primera Etapa

En el primer año y medio el niño desarrollará la virtud de la esperanza; la fuerte creencia que cuando las cosas no salen como uno espera, al final terminarán por salir bien. En la edad adulta nos servirá para afrontar las desilusiones en el amor, en el mundo del trabajo y en otras áreas de la vida.

Segunda Etapa

Niñez temprana, de los dieciocho meses a los tres o cuatro años. Lo importante en esta etapa es adquirir cierto grado de autonomía y minimizar la vergüenza y la duda.

En caso de que se consiga un buen equilibrio entre autonomía y vergüenza se desarrollará la virtud de la fuerza de voluntad y determinación. Ésta es precisamente una de las cosas más admirables de los niños de dos y tres años, su determinación. Su lema es "YO PUEDO". Si podemos preservar esa actitud (con apropiada modestia para equilibrar), seremos adultos mucho más equilibrados y felices.

Tercera Etapa

De tres o cuatro a cinco o seis años, un buen equilibrio entre iniciativa y culpabilidad lleva a la fuerza psicosocial del propósito. Este sentido es algo que mucha gente anhela toda su vida, sin darse cuenta que son ellos mismos quienes crean su propósito en la vida con las facultades mentales de imaginación e iniciativa. Quizá un mejor término para describirlo podría ser valentía; es decir, la capacidad de actuar a pesar de las limitaciones y posibles fracasos del pasado.

Cuarta Etapa

Ésta es la etapa escolar de seis a doce años. Su función es desarrollar en el niño la capacidad de trabajo y evitar cualquier posible complejo de inferioridad. Según el autor, en esta etapa se ha de potenciar más la educación y las habilidades sociales, muchas veces a expensas de la imaginación, para desarrollar el sentido de la propia eficiencia.

Quinta Etapa

La adolescencia comienza con la pubertad hacia los 18 ó 20 años. Su función es conseguir una firme identidad personal y evitar confusión de rol en las diferentes relaciones sociales. Ericsson se interesó especialmente por esta etapa y lo tomó como base para analizar el resto de etapas.

Según Ericsson, la maduración correcta llevará a la virtud llamada fidelidad, en el sentido de lealtad como habilidad para vivir según los estándares de la sociedad a pesar de imperfecciones e inconsistencias. También se refiere a la necesidad del ser humano de encontrar su lugar y ser útil a la comunidad.

Sexta Etapa

La juventud temprana de los 18 a los 30 años. La función es conseguir cierto grado de intimidad, en contraposición al aislamiento social. El éxito en esta etapa hará desarrollar en la persona la virtud y fuerza psicosocial del amor. Significa estar por encima de diferencias y antagonismos. Incluye no sólo el amor de un buen matrimonio, sino también el amor hacia los amigos, vecinos y compañeros de trabajo.

Séptima Etapa

La juventud mediana con su principal función de criar a los hijos. Para la mayoría de la gente en nuestra sociedad se daría entre los veinticinco y los cincuenta y cinco años. La función aquí sería el equilibrio apropiado entre la generación y la estagnación.

La generación es una extensión del amor en el futuro. Es el cuidado por las generaciones futuras, es menos "egoísta" que la intimidad de la etapa previa en la que el amor es recíproco entre iguales. Por supuesto, que en teoría el amor de pareja no es egoísta, pero la realidad es que si el amor no es correspondido, no se le considera amor verdadero. En la generación, la implicación de reciprocidad no está implícita, al menos no tan fuerte. Muy pocos padre esperarían "una devolución de su inversión" de sus propios hijos. ¡Y si lo hacen, no se les consideraría muy buenos padres!

Sin embargo, también hay otras formas de practicar dicho concepto. Ericsson consideraba que cualquier actividad que satisface la necesidad básica de ser necesitado también puede entrar en esta categoría. Por ejemplo, enseñar, escribir, inventar, las artes y las ciencias, el activismo social, y en general, cualquier contribución al bienestar de futuras generaciones.

Esta es la etapa de "la crisis de la mediana edad". Algunas veces tanto hombres como mujeres reflexionan sobre su vida y se hacen la gran pregunta: "¿para qué estoy haciendo esto?". Una mejor pregunta sería para quién, ya que la respuesta lleva al amor y ésa es la fuerza más poderosa de la naturaleza y el sentimiento más satisfactorio.

En algunos casos, tanto hombres como mujeres entran en pánico por envejecer y no haber experimentado o conseguido lo que se imaginaron de jóvenes e intentan recuperar la juventud perdida. Algunos hombres dejan a sus sufridas esposas, dejan el trabajo de toda la vida, compran artículos para jóvenes y empiezan a ir a bares de solteros. Sin embargo, ¡pocas veces encuentran lo que están buscando porque están buscando algo equivocado!

Si se tiene éxito en esta etapa, se desarrolla la capacidad de cuidar de otras personas que se empleará a lo largo de toda la vida.

Octava Etapa

La última etapa de la vida tiene varios nombres; madurez, vejez, tercera edad. Comienza hacia los 60 años, normalmente la persona se jubila y los hijos ya están criados y viven separados de sus padres. Según Ericsson, llegar a esta etapa es bueno, ya que se han ido cumpliendo las etapas previas.

Características de este período son el sentimiento de aislamiento de la sociedad e inutilidad para la mayoría. Algunas personas se jubilan de trabajos que han tenido toda su vida, otras encuentran su función como padres ya muy deteriorada, y la mayoría, experimenta que sus consejos y protección ya no son requeridos.

El cuerpo también se va deteriorando poco a poco y ya no puede rendir como lo hacían en el pasado. También son habituales enfermedades y achaques, creando incluso miedos que no existían antes, como un catarro o caerse por las escaleras.

Con los habituales achaques aparece la preocupación por la muerte. Amigos, familiares e incluso el esposo o esposa fallecen. Uno empieza a pensar que dentro de poco será su turno. Todo esto crea una sensación de cierta desesperación. Muchas personas reaccionan con preocupación sobre su pasado. Después de todo en el pasado todo era mejor. Algunas personas se preocupan por sus fracasos, las malas decisiones y se arrepienten de no tener ni el tiempo ni la energía de intentar cambiarlo. Algunos ancianos caen en depresión, se vuelven paranoicos e hipocondríacos, o incluso, seniles.

La integridad del ego significa aceptar todo lo que incluye su vida, incluyendo la muerte. Si se es capaz de mirar atrás y aceptarlo todo, las decisiones tomadas, los errores, los aciertos, como sucesos necesarios, no hay por qué temer a la muerte. Muchos de ustedes probablemente no estén en esta última etapa, pero pueden hacer un pequeño experimento analizando su pasado. Todos hemos cometido errores y algunos de ellos bastante serios. Pero, si no los hubiésemos cometido, no sería usted, no sería su vida. Si no se hubiera arriesgado, si no hubiera intentado cosas y cometido errores, ¡su vida no sería tan enriquecedora como es!

La tendencia maladaptativa en este periodo se le llama presunción. Se da cuando la persona "presupone" integridad del ego sin haber afrontado las dificultades de la edad madura. Puede derivar en desprecio por la vida y todas las personas en ella. Sin embargo, en el lado positivo, el que afronta la muerte sin miedo, tiene la fuerza que Ericsson llama sabiduría. Ésta es un regalo para los niños, pues "los niños saludables cuyos mayores tienen la integridad suficiente para no temer la muerte, no tendrán miedo a la vida tampoco".

Le dejo tres afirmaciones que a mí me ayudan mucho:

1. Perdono a todos aquellos que necesiten mi perdón.

2. Estoy conectado al universo y todo saldrá bien.

3. La alegría y poder de Dios están conmigo siempre. Afronto la aventura de la vida con sabiduría a cada paso que doy.

4. El misterio de Dios

¿Qué es Dios? Desde el comienzo de los tiempos la búsqueda de un ser sagrado no ha cesado e incluso hoy en día no hay respuestas muy claras en dicho asunto. Se barajan muchos nombres: Dios, Señor, Amor Divino y Mente Divina, entre otros.

¿Por qué Dios? El ser humano siempre se ha visto rodeado de incertidumbre y conflictos, y siempre ha buscado fuerza y sabiduría en lo divino para afrontar los retos terrenales.

Llamemos a Dios Ley Divina. La ley de la vida, la ley de la mente. Todo lo que deseemos tener y ser es nuestro si aplicamos dichas leyes o principios correctamente. La vida no es algo que nos sucede sin más, sino que cocreamos esa experiencia llamada existencia. Podemos crear lo que queramos. Usted, ¿qué desea?¿anhela más salud, más amor, más felicidad y éxito? Los deseos que usted tiene son como semillas que puede plantar en su mente. Así pues, plante los pensamientos e imágenes de todo lo que usted desee, cultive, nutra y cuídelos bien hasta que llegue la cosecha. Y entonces recibirá su bien ganada recompensa en la forma de la consecución de sus sueños.

El Dalai Lama diferencia entre espiritualidad y religión. Como él explica: "La espiritualidad nutre el espíritu humano mientras que las diferentes religiones se diseñaron para crear una vida más feliz y un mundo mejor". También menciona que la diversidad de religiones es necesaria, ya que tanto los seres humanos como las culturas son muy variadas, y son precisamente esas diferencias las que deberían reforzar el respeto entre las religiones del mundo. Asimismo, comenta que la oración es un recordatorio diario de principios y valores que dirigen nuestra vida.

El doctor Martin Seligman, padre de la psicología positiva, estudió y descubrió los efectos positivos de la religión y la fé en nuestro bienestar psicológico. Por ejemplo, una menor probabilidad de abuso de drogas, delito, divorcio y suicidio, y una mayor resistencia a la adversidad.

Como ha quedado estudiado y probado, las personas que creen en Dios o que experimentan algún tipo de conexión espiritual, evidencian mayor fuerza mental para afrontar la adversidad y la crisis. Por ejemplo, los padres con niños minusválidos afrontan mejor la depresión y la desesperanza, y aceptan las circunstancias de una forma mucho más saludable.

Todos los estudios muestran que todos aquellos que creen en Dios no sólo son más felices y están más satisfechos con su vida sino también tienen mayor resistencia y se sienten menos desbordados por las dificultades de la vida: desempleo, divorcio, relaciones problemáticas, enfermedad y muerte.

Como menciona el Sr. Seligman, hay una relación directa entre religión y un carácter más saludable y abierto. Además, dicho vínculo entre la fé religiosa y la esperanza en el futuro explica mayormente por qué la fé es tan valiosa para luchar contra la desesperanza, resistir la adversidad y ser más feliz.

5. El secreto de la vida. La ley de atracción.

Esta ley es creación. La física cuántica nos dice que todo el universo se originó del pensamiento y que cada uno de nosotros crea su existencia y la experiencia vital con sus pensamientos.

La ley de atracción es impersonal. Recibe nuestros pensamientos y los refleja en nuestras vidas como nuestra experiencia vital. Simplemente te da en el plano físico lo que piensas mentalmente.

Por lo tanto, desarrolle una conciencia de prosperidad y felicidad. Convenza a su mente subconsciente (afirmaciones y visualizaciones) que usted ya es feliz, ya tiene salud, ya posee la riqueza que desea y está absolutamente encantado con su vida. Entonces, automáticamente su mente subconsciente traducirá dichas "emociones imaginadas" en resultados tangibles en su vida.

Aquí está el verdadero secreto para ser y tener todo lo que desee:

•Primero, PIDA al Universo qué desea exactamente. Sea lo más preciso posible y ponga un fecha de consecución.

•Segundo, CREA con todas sus fuerzas que ya ha conseguido sus sueños y la ley de la atracción moverá cielo y tierra para que así sea.

•RECIBIR significa sentirse espectacular por todas las cosas buenas que llegarán a su vida. Sea feliz, esté expectante, haga su trabajo, deje que el universo se encargue de los detalles y brille como una estrella.

Un ejemplo de mi experiencia personal. Me acuerdo cuando tuve la idea de escribir un libro sobre la felicidad por primera vez.

¡Simplemente llegó a mí! Pedí al Universo/Dios que quería escribir un libro muy práctico que ayudara al lector a ser más feliz. Tenía los conocimientos, la intención y confianza en mí mismo. El proceso de escribir fue bastante sencillo. Simplemente me olvidé de mi ego (sentido de perfección, lo que debería y no debería poner), ¡dejé que la Mente Universal hablara a través de mí y el libro se hizo realidad poco a poco!

6. ¿Qué es la realidad? Cuestión de percepción.

Querido lector, afirmo categóricamente que "la realidad no existe". Usted se puede dar cuenta con un pequeño experimento. Imaginemos que usted está sentado en el sofá del salón de su casa, mire las cortinas. ¿Qué significado tienen para usted? Para el marido probablemente no mucho. Para la mujer, por otro lado, puede que tengan un gran valor emocional (regalo de boda). Para los hijos pequeños puede que no mucho, pero para el adolescente que acaba de estar varios meses en la universidad lejos de su casa y vuelve al hogar, puede que le traigan maravillosos recuerdos.

Así que, realmente lo que vemos en el mundo exterior lo creamos nosotros según nuestro mundo interior. Para ser una persona más feliz, debemos darnos cuenta de que ya somos felices, ya tenemos todo lo que necesitamos para ser felices, ya tenemos todo en nuestro interior para sentir la alegría de estar vivos en este pequeño planeta llamado Tierra. Y aquí está cómo...

Éste es el gran y único SECRETO para la FELICIDAD. ¡Cambie su estado mental, de buscar la felicidad a vivir la felicidad! No espere a ser feliz cuando acabe la universidad, cuando se case, cuando tenga hijos, cuando sus hijos crezcan, cuando le den el ascenso, cuando compre la casa, el coche, las vacaciones, cuando se jubile... ¡sea feliz ahora! Sienta gratitud por todas las cosas maravillosas en su vida y tenga el sueño y la ilusión de mejorar algo en su vida o en la de otras personas. Le aseguro que ese cambio de enfoque mental mejorará enormemente su vida.

Recuerdo cuando tuve una situación difícil con algunos compañeros de trabajo. En vez de sentir resentimiento por ellos, comencé a rezar por ellos, mi actitud hacia ellos empezó a cambiar y de repente nuestra relación mejoró muchísimo. Después de aplicar estos principios a mi propia vida, a mis circunstancias y a mis retos personales, finalmente entendí su valor. Le sugiero que no me crea ciegamente, sino que lo aplique con fé a sus circunstancias personales. ¡Persevere y también verá maravillosos resultados en su vida!

7. Somos seres con poder ilimitado.

Debemos darnos cuenta que cada uno de nosotros tiene un poder ilimitado para hacer todo aquello que nos propongamos. Dijimos antes que la realidad no existe. Por lo tanto, ¿quién le dijo que usted no puede hacer aquello que su corazón le pide a gritos?¿Fueron sus familiares, sus amigos, la sociedad, sus profesores? Le pido que olvide a todos y cada uno de ellos. Simplemente, ponga toda su atención en lo que quiere lograr, en su ideal y en sus sueños.

Tanto científicos como hombres sabios han estado en desacuerdo en miles de temas, pero todos están de acuerdo en que lo que vemos en el universo, incluido usted, es una expresión de un poder infinitivo, llamado energía. Este poder siempre fluye hacia y a través de usted. Todas las mañanas hago mi ritual diurno de relajación y meditación. Me lleva unos diez minutos y es uno de los mejores ejercicios que se pueden hacer. Siga estos pasos y le aseguro que comenzará a sentirse invencible y lleno de energía:

1. Relájese. Inspire y expire varias veces, piense "estoy relajado".

2. La luz curativa. Cuente de cinco a uno. En cuanto llegue a uno, imagínese una maravillosa luz espiritual. Es un lugar de absoluta paz mental, su templo sagrado, donde puede descansar y pedir lo que desee. Le otorgará todo lo que necesite. Yo padezco psoriasis, una enfermedad de la piel. He usado todo tipo de tratamientos y no fue hasta que comencé a hacer autohipnosis curativa que comenzaron a desaparecer. Durante la meditación imagino dos manos de luz curativa aplicando una crema también de luz a las partes enfermas.

3. Perdón y agradecimiento. Perdono a todo el que necesite de mi perdón y me libero, me siento libre. Agradezco a Dios.

4. Visualización de sueños. Visualizo mis sueños ya cumplidos.

5. Buenos deseos a la humanidad. Envío buenos deseos a todos mis seres queridos, amigos, compañeros de trabajo y a toda la humanidad.

6. Actividades diarias. Sigo mi día lleno de entusiasmo.

8. ¿Qué es el miedo y cómo manejarlo?

Estoy bastante familiarizado con el concepto del miedo. Yo he sentido miedo en muchas ocasiones. He tenido miedo de hacer, decir, incluso de intentar algunas cosas. Supongo que no soy muy diferente del resto de los mortales. Sin embargo, he aprendido que lo importante no es si uno siente miedo o no, sino cómo reaccionamos. Por eso, le pido que no deje que el miedo se interponga entre usted y sus sueños. Si lo hace, lo lamentará el resto de sus días. Sea osado, valiente. No pase de puntillas por al lado del miedo. Píselo, macháquelo, ríase de él, ¡sienta el miedo y hágalo de todos modos! Le aseguro que esa incómoda sensación llamada miedo desaparecerá en cuanto usted decida que nada ni nadie limitará sus sueños. Por cierto, el miedo es simplemente una percepción mental, una ilusión. ¿Va usted a poner su destino y el de su familia en las manos de una ilusión?

¿Sabía usted que los cementerios están llenos de los que iban a perseguir sus sueños y nunca empezaron? ¿Por qué? Por miedo. Miedo de cambiar, de perder cierta "seguridad percibida" y de vivir fuera de su "zona de confort". ¿Qué hacen los niños cuando aprenden a patinar? Se levantan cada vez que se caen. ¿Ha observado usted a un abejorro? Es físicamente imposible que vuele porque su cuerpo es demasiado pesado. Pueden volar porque piensan que pueden. ¿Qué milagros podrías usted realizar?

Veamos las siguientes estrategias para tratar con el miedo. Mentalmente, sea consciente de lo que quiere y tome el primer paso, el camino se irá desvelando gradualmente. Analice donde está y a dónde quiere llegar. Concentre sus acciones en sus sueños más importantes y será como un láser. Emocionalmente, escuche a su corazón cuando defina sus objetivos, olvide el pasado, centre toda su atención en su maravilloso futuro y disfrute del camino. Emprenda la acción: No deje que nada se interponga. Viva, disfrute y aproveche al máximo el momento presente. **¡HÁGALO AHORA!** Usted es el capitán de su barco. Aproveche el regalo que es la vida y deje huella como ser humano. ¡La vida sonreirá porque Usted estuvo en ella!

9. ¿Qué haría usted si no pudiera fallar y tuviera todo el dinero y recursos que necesitara?

La próxima vez que esté relajado en el sofá de su salón viendo su programa favorito, hágase estas preguntas: ¿Qué haría usted si le tocara 1.000.000 de dólares en la lotería? ¿Trabajaría? ¿Si supiera que todo lo que hiciera terminaría siendo un éxito, qué haría? ¿Si no tuviera ninguna limitación, a qué dedicaría su existencia?

Algunos dirán que sería poco probable incluso imposible conseguirlo. Lo más importante es que imagine su vida ideal sin restricciones. Una vez que tiene una imagen clara de lo que quiere, pregúntese :"¿Estoy dispuesto a hacer todo lo necesario y soy capaz de hacerlo?". Si responde afirmativamente a ambas, el siguiente paso es diseñar un buen plan de acción a cincos años vista y tomar acción todos los días. Haga seguimiento a resultados, no se desespere si no consigue los resultados esperados y tenga mucha fé en usted y en Dios. Crea firmemente en las leyes inmutables del universo que veremos en el último capítulo. Funcionan con la misma precisión que las leyes físicas si sabemos aplicarlas correctamente. Si no consigue resultados en la fecha prevista, cambien la fecha, pero nunca desista en su empeño. El único verdadero fracaso es renunciar a sus sueños.

Como dice **Anthony Robbins**, autor del bestseller internacional "Despierte al Gigante que lleva en su Interior", hay varios conceptos que deberíamos considerar. La mejor técnica para el alto rendimiento es lograr ponerse en el estado emocional más productivo posible y ejecutar la tarea. Primero, cambie su fisiología y cambiará su estado emocional. Por ejemplo, cada vez que se sienta un poco deprimido, salga a caminar, espalda recta y cabeza alta, mirando al frente; es prácticamente imposible sentirse deprimido así. Segundo, cambie su foco mental de lo negativo a lo positivo y se sentirá lleno de fuerza inmediatamente. Por último, incluya más actividades que le hagan sentirse bien en su plan diario.

"¡Cambie su estado mental y cambiará su vida!". **Oscar Escallada**

10. ¿Qué va usted a hacer y cómo va a vivir los días y horas que le fueron dados y le quedan en el planeta Tierra?

Querido lector, el bien más preciado que tenemos es el TIEMPO. Sólo se vive una vez. ¿Qué va a hacer usted? Me explico. Tengo

40 años. Eso quiere decir que he vivido 14.600 días, 350.640 horas, que he dormido un tercio de ese tiempo, aproximadamente

116.800 horas y he estado despierto 233.760 horas. Espero llegar a la edad de 100 años, pero en caso de que sólo llegue a los 80 años me quedan 233.760 horas despierto y después pasaré a "mejor vida". Por eso, tengo la absoluta determinación de sacar el mayor provecho a cada minuto, ¿y usted qué va a hacer? Mire en el cuadro facilitado, por favor, cuántos días y horas le quedan y haga que su vida merezca la pena para usted y la humanidad.

¿QUÉ DESEA REALMENTE EN SU VIDA?

SUEÑE SIN MEDIDA, SIÉNTASE INVENCIBLE Y TOME ACCIÓN HASTA CONSEGUIRLO

¡SUS DÍAS ESTÁN CONTADOS DE TODAS FORMAS!

¿QUIERE TENERLO TODO? COMIENCE AHORA MISMO

CADA SEGUNDO QUE PASA ES UN SEGUNDO PERDIDO

PIENSE EN 30 OBJETIVOS QUE LE GUSTARÍA CONSEGUIR EN SU VIDA

AHORA ESCOGA SÓLO LOS 3 MÁS IMPORTANTES ESCRIBA 5 ACCIONES ESPECÍFICAS QUE HARÁ TODOS LOS DÍAS CON DISCIPLINA HASTA LOGRARLO

LE ASEGURO QUE SUS SUEÑOS SE MANIFESTARÁN

El TIEMPO DE LA VIDA				
AÑOS	DÍAS	HORAS	1/3 Durmiendo	Despierto
1	365	8,766	2,922	5,844
10	3,650	87,660	29,220	58,440
15	5,475	131,400	43,800	87,600
20	7,300	175,320	58,440	116,880
25	9,125	219,000	73,000	146,000
30	10,950	262,980	87,660	175,320
35	12,775	306,600	102,200	204,400
40	14,600	350,640	116,880	233,760
45	16,425	394,200	131,400	262,800
50	18,250	438,300	146,100	292,200
55	20,075	481,800	160,600	321,200
60	21,900	525,960	175,320	350,640
65	23,725	568,400	189,466	378,933
70	25,550	613,620	204,540	409,080
75	27,375	657,000	219,000	438,000
80	29,200	701,280	233,760	467,520
85	31,025	744,600	248,200	496,400
90	32,855	788,940	262,980	525,960
100	36,500	876,660	292,220	584,440

1. PENSAMIENTOS

¿Cómo puede aprender a pensar con claridad para tener paz
mental, centrarse en sus sueños, resolver problemas y
disfrutar de la vida?

DIOS JÚPITER

Escoja sus pensamientos y escogerá su vida

Rey de los dioses y Señor del Monte Olimpo; Dios del cielo y el trueno.

1.¿Quién es Usted?

De la baja autoestima a una autoimagen extraordinaria y confianza en sí mismo

2. ¿Qué desea en su vida?

De la confusión e indecisión a una absoluta claridad y poder de decisión

3 ¿Cómo hacer que su camino elegido sea la mejor opción posible?

De la indiferencia y falta de fé al compromiso y a la fuerza imparable de la fé

4. ¿Cómo recuperar fuerzas tras la derrota?

Del aburrimiento y la ineficiencia al entusiasmo y la eficiencia

5.¿Cómo aplicar las leyes del universo?

De rendimientos bajos e ignorancia a resultados extraordinarios y la sabiduría de la vida

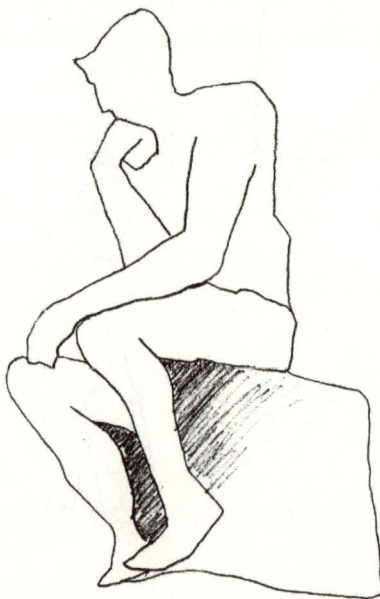

¿QUIÉN ES USTED?

1.1 DE BAJA AUTOESTIMA A SU EXTRAORDINARIA IMAGEN DE GANADOR

De recepcionista de noche en Madrid 2004 a director general de hotel en Cuba 2011

La ciencia de la psicología ha encontrado la principal causa del éxito en la vida. Todo está en la autoimagen. Su éxito en cualquier cosa nunca superará a su autoimagen. Me gustaría ilustrarlo con la historia de alguien que cambió radicalmente su vida.

Este hombre tenía 33 años y trabajaba en Madrid, a 500 kilómetros de su ciudad natal, Santander. Estudiaba dos carreras a la vez (psicología y derecho) y tenía dos trabajos, vendedor durante el día y recepcionista de hotel en el turno de noche. Se encontraba en un cruce de caminos en su vida y escogió convertirse en el mejor director de hotel que podría llegar a ser Al principio fue difícil. No tenía conocimientos, experiencia, contactos o recursos económicos para estudiar. Pero tomó la **determinación** de conseguirlo, haría todo lo posible. No sabía cuánto tiempo le llevaría pero tenía la certeza que conseguiría su propósito, incluso si para ello debía cambiar de continente y trabajar en varios países.

Mantuvo una clara imagen de su objetivo, se imaginaba que ya era un director de hotel exitoso, trabaja sin prisa pero sin pausa, revivía la satisfacción de haber logrado su meta continuamente y se hizo totalmente responsable de sus resultados. Creó un panel de sueños (fotos en un mural), estudió a sus ídolos y emprendió la acción. Hoy, noviembre 2011, este hombre trabaja en Cuba como director general de hotel con gran orgullo. De hecho, el hombre de la historia soy yo.

"¡La realidad no existe! ¿Que quiere usted hacer con su vida?¿Quién quiere llegar a ser? Adelante... HÁGALO y SEALO. Nunca sabe cuántos mañanas tendrá".

Oscar Escallada

1.2. DE BAJA A ALTA AUTOCONFIANZA EL RETO DE LOS 10 PASOS

PENSAMIENTOS

1. Haga inventario. ¿Qué quiere mejorar?

Haga un cambio y luego otro.

2. Preste más atención a la otra persona que a Usted mismo cuando mantiene conversaciones. Sea amable.

3. Disfrute del "momento presente".

SENTIMIENTOS

4. Celebre el viaje de la vida y no tanto el

destino. Aprenda formas de disfrutar el máximo el lugar en el que está ahora.

5. Tenga la certeza que conseguirá sus objetivos con perseverancia.

6. Sienta la alegría de compartir su vida con sus seres queridos y con todas las personas que conozca.

ACCIONES

7. Haga lo que ama y se sentirá bien inmediatamente.

8. Ayude a los que no se pueden ayudar a sí mismos y lidere con el ejemplo, dando siempre el primer paso. Fomente la comunicación, la generosidad y el interés por la vida de los demás.

9. Haga mejora continua de usted mismo. Aprenda a cambiar de una posición competitiva a creativa. La competitividad sólo crea frustración permanente. Sea honesto con todos, incluido con usted.

10. Sea proactivo y positivo. Ámese a sí mismo y a los demás. Tome acciones positivas para usted y sus semejantes. Sea usted mismo.

Recuerde, si quiere cambiar algo en su vida, seguirá produciendo los mismos resultados hasta el momento que cambie la imagen de la persona en la que se quiere transformar.

"Pregunté una vez a mi consejero cómo encontrar la vocación. El me dijo, lo que más feliz te haga será tu vocación." Madre Teresa

¿QUÉ DESEA USTED?

1.3. DE CONFUSIÓN A CLARIDAD ABSOLUTA El nacimiento y creación de Body Shop

En 1976 Anita Roddick tuvo la idea de abrir una tienda de cosméticos con componentes naturales. Abrió su primera tienda en Brighton, Inglaterra. Los propietarios de otras tiendas de la zona apostaban para ver cuándo cerraría. Al principio tuvo muchas dificultades (no encontraba proveedores, no tenía suficiente capital ni experiencia en marketing), pero se las arregló para tener éxito internacional.

Anita cambió la percepción de su potencial, se olvidó de sus resultados pasados y se centró en su éxito. Entendió el poder que se esconde en la insatisfacción, empezó a mantener buen ánimo todo el tiempo independientemente de las circunstancias y dejó que el deseo de su corazón guiara su vida. Además, centró todo su esfuerzo en su objetivo, transformando su deseo inicial en una poderosa obsesión, viéndose con su meta cumplida.

Hoy en día, Body Shop tiene más de 1.500 tiendas en todo el mundo, su valor asciende a 500 millones de dólares y ha influido en los productos y negocios de sus principales competidores. También ha despertado la conciencia para el cuidado del medioambiente y apoya a comunidades locales en países subdesarrollados. En su organización a nivel mundial, los empleados tienen medio día pagado al mes para participar en actividades sociales y poder ayudar a la comunidad.

Como dijo Anita: "Lo que nos salvo una y otra vez fue la actitud de darnos cuenta de lo que funcionaba, mejorarlo y crear resultados. Ser flexible y estar abierto a soluciones creativas ha producido resultados maravillosos en toda la historia de la empresa".

"Decide lo que quieres y lo que estás preparado a renunciar para lograrlo. Céntrate en ello. Empieza a trabajar". H.L.Hunt

1.4. DE INDECISIÓN AL PODER DE LA DECISIÓN EL RETO DE LOS 10 DÍAS

Una de las situaciones más tristes que me encuentro son las guerras emocionales que sufre mucho gente debido a la ambivalencia. Vete-no te vayas, dilo-no lo digas, hazlo-no lo hagas. El principal problema es la falta de claridad, la valentía para tomar decisiones y el compromiso de tomar acción.

PENSAMIENTOS

1. Maravíllese del poder de su mente.
La parte consciente tiene un increíble potencial de análisis. Además, cualquier imagen que se fije con repetición en la parte subconsciente, tenderá a hacerse realidad.

2. Sea fiel a sí mismo. No deje que otros (sociedad, profesores, padres, amigos, pareja, etc…) el digan lo que puede y no puede hacer.

3. Experimentamos la realidad con nuestros cinco sentidos (vista, oído, olfato, gusto y tacto), pero también disponemos de seis facultades mentales extremadamente poderosas (intuición, imaginación, percepción, razonamiento, memoria y voluntad).

SENTIMIENTOS

4. La felicidad no es una meta sino el resultado de darse cuenta

que la verdadera prosperidad tiene que ver con metas de servicio a los demás.

5. Los sentimientos son el lenguaje de la mente subconsciente. El deseo es la fuerza de una posibilidad que usted lleva dentro y está intentando hacerse realidad.

6. El razonamiento le ayudará a adaptarse a los cambios y a una nueva conciencia. Entonces irá viendo los siguientes pasos a tomar.

ACCIONES

7. Haga una descripción escrita de los tres objetivos más importantes y haga su prioridad número uno conseguirlos.

8. Haga lo que le dicte su corazón. Los viejos hábitos se irán disipando mientras los nuevos se van arraigando con perseverancia.

9. Compruebe sus decisiones, ¿Lo quiere de verdad y no daña a nadie?

10. Su lema: "Actúo sin dudas hasta que consiga mi objetivo".

"La vida es una maravillosa aventura o nada". Hellen Keller

¡HACIENDO DE SU CAMINO LA MEJOR OPCIÓN!

1.5. DE INDIFERENCIA AL COMPROMISO

¡Se necesitaba un milagro y lo creó!

¡El cirujano que operaba con los pies!

Uno de los mayores terremotos de la historia (8.1 en escala Richter) tuvo lugar en la ciudad de México en septiembre de 1985, llevándose más de 4.200 almas. Francisco Bucio era cirujano plástico, quedó atrapado en los escombros y perdió los dedos de su mano derecha. Sin embargo, su sueño de ser un gran cirujano no se detendrían ahí. Buscó a los mejores especialistas y pasó por varias operaciones difíciles.

Le transplantaron dos dedos del pie a su mano derecha. Con firme determinación, incontables horas de rehabilitación y un compromiso a prueba

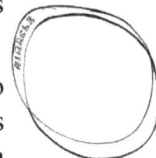

de todo, consiguió seguir operando a nivel profesional. Hoy es un gran cirujano y hace trabajos de voluntariado para ayudar a los pobres.

Intelectualmente era consciente que todos tenemos un espíritu infinito. Todos tenemos una dimensión espiritual capaz de proponerse y lograr cualquier objetivo. También sabía que todos tenemos un poder creativo ilimitado y que trabajar en lo que a uno le satisface es uno de los mayores placeres de la vida. Emocionalmente, su pasión le proporcionaba un gran sentido de propósito en la vida y sabía que tenía el control de sus emociones, no dejaba que estuvieran condicionadas por las circunstancias. Además, hacía todo lo posible por conseguir sus metas. Se hizo una promesa a sí mismo, supervisaba su plan de acción y estaba agradecido por cada segundo de su vida.

Francisco decía: "La vida nos trae retos, pero si nos dejamos llevar por nuestra pasión, venceremos y conseguiremos nuestros sueños".

"Lo que asegura el éxito es hacer lo necesario cuando es necesario". Leland Val Van De Wall

1.6. DE LA DUDA A LA FUERZA IMPARABLE DE LA FÉ

PENSAMIENTOS

1. Elimine bloqueos mentales creando espacio para las preciosas imágenes que está creando. La ley de la prosperidad (la naturaleza detesta el vacío) nos dice que debemos deshacernos de lo viejo antes de que llegue lo nuevo.

2. ¿A qué dedicaría su vida para disfrutar cada minuto? Su mente es un centro de operaciones de dimensiones divinas. Usted

recibe una cantidad innumerable de ideas de la mente universal. Simplemente ha de creer, tomar acción y esperar a que llegue la recompensa.

3. Persiga su sueño. Es un proceso creativo. Mantenga su visión, concentrado en la meta y agradecido. Los cómos son cosa de Dios.

SENTIMIENTOS

4. La ciencia y la religión están de acuerdo que hay un origen energético donde todo se origina y está en nosotros también. Así que, espere sólo lo bueno y sepa que el deseo es divino y la duda es humana (miedo disfrazado).

5. Haga uso del razonamiento deductivo, la mente subconsciente. No puede rechazar ideas, imágenes o sugerencias. Le hace vibrar de una forma muy concreta y lo que usted tiene en su mente. Así que acepte sólo en su mente pensamientos e imágenes positivas.

6. Destruya la duda con fé. Tenga y desarrolle un fuerte sentido de fé en sí mismo y en la habilidad de conseguir lo que se imagine.

ACCIONES

7. Haga una lista de las áreas de su vida en las que quiere crear un

vacío para que lleguen mejores cosas y escriba la fecha de recepción. Por ejemplo, done la ropa que no ha usado en los últimos tres meses.

8. Haga una tarjeta de objetivos (foto o afirmación de objetivo).

9. Sea positivo con sus semejantes: sonría, inspire y ayude.

10. Sea creativo, disfrute del presente, luche por sus creencias, sea responsable y ayude a otros a conseguir sus sueños.

"¡Tuve una vida maravillosa. Ojalá me hubiera dado cuenta antes!". Colette, novelista francesa del siglo XX.
RECUPERANDO FUERZAS TRAS LA CAÍDA
1.7. DEL ABURRIMIENTO AL ENTUSIASMO
De sentirse aburrido al "Hombre Entusiasmo"

Querido lector, he tenido mis frustraciones, fracasos y momentos de aburrimiento, pero aprendí a encontrar la inspiración que me motivaría el resto de mis días. Cuando tenía trece años me prometí a mí mismo que afrontaría la vida con entusiasmo y alegría. En los últimos veinte años me han preguntado muchas personas de dónde saco tanta energía para hacer tantas cosas. Es el deseo de ser más, de disfrutar más y de amar más.

Me ayudaron mucho tres conceptos. Uno, escoja lo que significan para usted las cosas, personas y sucesos, ya que la realidad es un fenómeno subjetivo. Dos, encuentre su don y compártalo con el mundo. Y tres, siempre sea usted mismo, piense por sí mismo, sea auténtico y no intente impresionar a nadie.

En mi búsqueda del significado del entusiasmo aprendí a disfrutar no sólo de lo bueno sino también de las dificultades. Se experimenta una sensación maravillosa de libertad cuando se soluciona el problema y se aprende una valiosa lección. Aprenda también a sentir satisfacción por la vida, llene su corazón con amor, afecto, optimismo, curiosidad y compasión. ¡Celebre cada día como el mejor día de su vida y así será!

Le invito a que haga visualizaciones tres veces al día unos cinco minutos, viendo y sintiendo las miles de cosas buenas que hay en su vida presente y futura. Haga lo que ama y el dinero vendrá. Encuentre tiempo para desarrollar ese hobby, esa pasión. Desarrolle sus fortalezas y disminuya sus debilidades. Y sobre todo, intente siempre crear una mejor vida para usted, sus seres queridos y sus semejantes.

"¿Ves a un hombre diligente en su negocio? Será llevado ante

reyes". Proverbios 22:29

1.8. DE INEFICIENCIA A EFICIENCIA PENSAMIENTOS

PENSAMIENTOS

1. ¿Realmente quiere obtener resultados extraordinarios? La clave es centrarse en lo que quiere conseguir y no en los resultados actuales. Empiece donde esté con lo que tenga y el camino se irá desvelando ante usted.

2. Desarrolle una mente bien amueblada para el viaje. Su lema: YO PUEDO. Lo que yo hago es centrarme sólo en soluciones no en problemas y no parar hasta que lo consigo.

3. Usted no lo tiene que hacer todo solo. Una de las mejores habilidades para producir resultados en pedir ayuda. Cuando lo hace, permite a otros ser generosos.

¿Cómo? Sea honesto, haga peticiones concretas y pregunte a la persona correcta con la potestad de ayudarle. Muestre el beneficio de ayudarle (moral o económico) y agradezca (nota de agradecimiento).

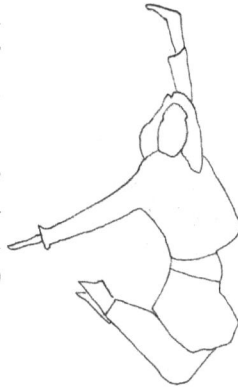

SENTIMIENTOS

4. Sienta el riesgo de hacer lo que realmente desea y hágalo de todas formas. De ahora en adelante usted toma los riesgos necesarios con energía, centrándose en sus metas, fortalezas y talentos.

5. Tendrá que pasar por la barrera de terror para ir desde donde está ahora a donde quiere llegar. Es el lugar fuera de su zona de confort. Cuanto más se acostumbre, menor miedo sentirá.

6. Siéntase orgulloso de pertenecer al equipo de los que consiguen cosas. El mundo está lleno de los que casi lo consiguen.

ACCIONES

7. Escriba cinco acciones que hará hoy para conseguir sus metas. Haga una a una y no acabe el día hasta que no termine la lista.

8. Use el principio de Pareto: 20% trabajo = 80% resultados.

9. Tenga su propio código de excelencia, pronto será usted ejemplo para mucha gente. Sienta el orgullo.

10. Tenga un plan de actividades para planificar el uso del tiempo.

"Si no te gusta algo, cámbialo. Si no puedes cambiarlo, cambia tu percepción de las cosas. No te quejes". Maya Angelou

¡USANDO LAS LEYES DEL UNIVERSO!
1.9. DE BAJO RENDIMIENTO A RESULTADOS
¡El hombre con una misión, de África a América!

En 1958 Legson Kayra, del remoto pueblo de Niasaland en África, tenía un sueño, quería ser como su héroe Abraham Lincoln, salir de la pobreza y servir a la humanidad. Tenía 16 años, sin dinero, sin estudios y sin contactos. Olvidó todo excepto su sueño, ir a la universidad en los Estados Unidos de América. Comenzó un viaje de 4.800 kilómetros al Cairo, atravesando mil calamidades. Cuando la gente en diferentes partes del mundo comenzaron a oír su historia, la leyenda ya había comenzado y todas las piezas del puzzle empezaron a ocupar su lugar.

Recibió una invitación a una universidad en América, el billete de avión lo pagaron estudiantes de la universidad y del papeleo se encargaron unos misionarios que le había enseñado de pequeño. Al final llegó a ser catedrático de universidad y escritor en el mundo de la política.

Legson sabía lo que significa el éxito para él y que era cuestión de tiempo y perseverancia. Fue flexible hasta el final, dándose cuenta que siempre se pueden obtener mejores resultados. Cubrir sus necesidades básicas le dio seguridad, pero el afán de aventura lo impulsó a seguir adelante. Su fuerza emocional provenía de la magia de la actitud correcta, creando ilusión y fulminando cualquier frustración o culpa del pasado.

Se mantuvo en la acción, analizando resultados, pensando nuevas formas de seguir adelante y redefiniendo su objetivo final. Se veía a sí mismo una y otra vez volviendo a casa y diciéndole a sus seres queridos "lo logré". También se dio cuenta de la importancia de rodearse de gente que le apoyen a uno al máximo.

"Un mente centrada en la duda y el miedo no puede centrarse en el viaje a la victoria". Mike Jones

1.10. DE LA IGNORANCIA A LA SABIDURÍA
Las leyes universales en mi trabajo

De la misma forma que hay leyes físicas (gravedad, presión, electricidad, etc...), también hay leyes espirituales o naturales. La naturaleza siempre tiene éxito. Si tomamos la naturaleza como modelo, podemos vivir en armonía con estas leyes para tener una mejor vida. Esto es lo que yo hice en mi trabajo para aplicar dichas leyes, con resultados sorprendentes (gran clima laboral, aumento de satisfacción de clientes en hoteles en diferentes partes del mundo, reconocimiento Green Globe por gestión medioambiental en México, entre otros).

PENSAMIENTOS

1. Ley de Transmutación permanente.

Mantuvimos la imagen del éxito en mente y lo conseguimos.

2. Ley de la Relatividad.

Nunca tuve miedo de no conseguirlo. Todo es relativo.

3. Ley del Pensamiento.

Lidere con su ejemplo y actitud positiva. El mundo le seguirá.

SENTIMIENTOS

4. Ley de la Vibración (Atracción).

Sus pensamientos crean sentimientos, estos acciones y resultados.

5. Ley del Ritmo.

Siempre hay altibajos, céntrese en los buenos tiempos.

6. Ley de la Compensación.

Lo que se siembra, se recoge. Simple pero es muy cierto.

ACCIONES

7. Ley de la Polaridad.

Bueno o malo. Prefiero estar en el lado de lo bueno todo el tiempo.

8. Ley del Género.

Hay un período de incubación entre la idea y su realización física.

9. Ley de Causa y Efecto.

Lo que envíe al Universo, le volverá multiplicado por diez.

10. Ley del Éxito.

Si piensa que puede, podrá y tendrá éxito en cualquier campo.

"La sabiduría adquirida con los años es un regalo inútil si no se comparte". Esther Williams

2. SENTIMIENTOS

¿Qué emociones quiere sentir? ¿Cómo puede afrontar emociones negativas y experimentar sentimientos positivos de forma constante?

DIOSA JUNO

Pregúntese qué haría el amor y la respuesta será siempre correcta

1. ¿Quiere tener buenos recuerdos del pasado?

Del arrepentimiento y ceguera al orgullo y el agradecimiento

2. ¿Quiere disfrutar más del momento presente?

De la tristeza e infelicidad a la alegría y felicidad

3. ¿Cómo puede usted experimentar amor en todas las áreas de la vida?

De falta de afecto y egoísmo al amor y contribución

4. ¿Cómo evitar el dolor e incrementar el placer?

De la duda y pasividad a la determinación y pasión

5. ¿Cómo va a ser su futuro?

De la preocupación y el pesimismo a la esperanza y el optimismo

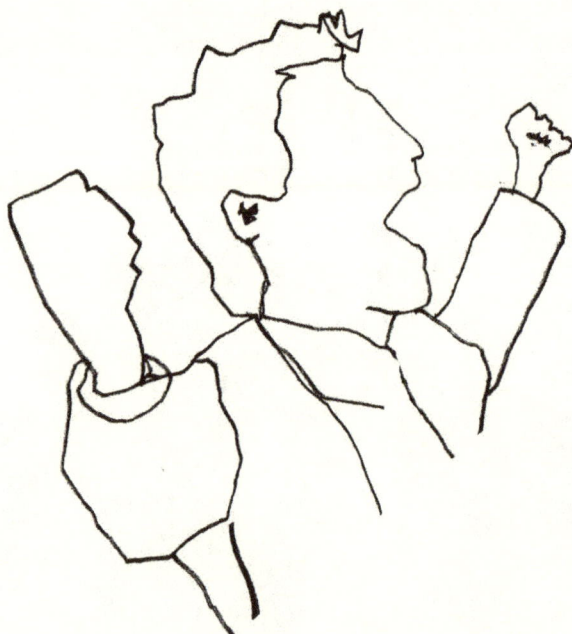

BUENOS RECUERDOS DEL PASADO

2.1. DE ARREPENTIMIENTO A ORGULLO

De vuelta al futuro, año 2051

Me gustaría vivir 100 años. Ahora estamos en 2012 y tengo 41 años, así que me imagino que tengo 90 años y estoy sentado en la entrada de mi casa, disfrutando de una maravillosa puesta de sol y reflexionando sobre mi vida. ¿Sabe qué? Doy gracias a Dios por haberme dado la fuerza y sabiduría de permitir a mi corazón que guiara mis pasos en todo momento, y sobre todo, me siento orgulloso que no tengo ningún arrepentimiento.

Apliquemos el mismo razonamiento al pasado ahora. ¿Por qué deberíamos arrepentirnos? Lo mejor es aceptar los fracasos como parte del proceso natural de aprendizaje y seguir adelante. Ámese a sí mismo de forma incondicional, aceptando su naturaleza imperfecta. ¿Qué es lo que le hace sentirse tan mal sobre el pasado? Deje el pasado donde está, aprenda de la experiencia e intente ayudar a otras personas.

¿Qué se puede hacer con esas emociones de enfado, tristeza y culpa? El enfado significa que alguien no observó algo importante para usted, el antídoto es el perdón. La habilidad de perdonar le hace mejor persona, le vacía el corazón de negatividad y le hace sentirse libre. La tristeza nos dice que echamos de menos a alguien. Es importante darse cuenta de esa pureza. Haga que esas personas estén orgullosas de usted, siendo la mejor versión de sí mismo. Si aparece la culpa, haga la promesa de no repetir la conducta que lo haya generado.

¿Sabía que la felicidad es un profesor infalible? Nos enseña lo que nos gusta y lo que queremos. Lo único que tenemos que hacer es escucharnos a nosotros mismos, tener la valentía de hacer lo que nos dicta nuestro corazón y amar todo lo que podamos.

"El precio de la grandeza es la responsabilidad".

Winston Churchill

2.2. DE LA CEGUERA AL AGRADECIMIENTO
PENSAMIENTOS

1. Abra sus ojos a la abundancia del universo. La clave para la felicidad es la actitud de gratitud por todo lo que tenemos, todo lo que somos y por todo lo que no tenemos pero pensamos que podemos lograr. Es la forma más eficiente de crear milagros y realizar sueños.

2. Priorice, no se tome demasiado en serio y sea consciente de todo lo que ha conseguido hasta ahora.

3. Recuerde que en lo que usted centra su atención se expande. Si quiere mas cosas buenas, esté agradecido por todo.

SENTIMIENTOS

4. Disfrute de todos los momentos del día, olvide los pesares del pasado y espere lo mejor para el futuro más próximo.

5. Recuerde que somos 90% agua y que reaccionamos igual. Según estudios científicos, si se envía amor y gratitud a gotas de agua se forman estructuras simétricas y muy bellas, mientras que si se envían vibraciones negativas se crean figuras deformes.

6. Ámese y crea en sí mismo, es lo mejor que puede hacer en la vida. Se sentirá usted bendecido si en los últimos momentos de su vida puede decir que su vida fue la expresión de sus deseos, independientemente de las circunstancias.

ACCIONES

7. Exprese gratitud y sea agradecido siempre.

8. Lleve un diario con escritos y fotos de todos los motivos de gratitud pasados, presentes y futuros (personas, cosas, situaciones).

9. Trate a cada persona que vea como la persona más importante en la tierra, con respeto y dignidad. Reparta alegría.

10. Haga su ritual de agradecimiento en la mañana. El estado emocional de la mañana crea el estado de ánimo para todo el día. Yo agradezco por todo lo bueno en mi vida (salud, trabajo, amor).

"Lo mejor que se puede hacer con las mejores cosas en la vida es regalárselas a alguien". Dorothy Day

DISFRUTANDO EL PRESENETE
2.3. DE LA TRISTEZA A LA ALEGRÍA
¡Despierte, su vida le está esperando!

Leí una historia muy interesante que me gustaría compartir. Un sabio conversaba con el hombre más rico de la ciudad. El hombre de negocios preguntó:" ¿A qué tengo que renunciar para sentir verdadera felicidad y paz interior?". El hombre sabio contestó: "Tengo buenas y malas noticias. Lo bueno es que no tienes que renunciar a nada, la pobreza no es el camino a la felicidad; lo malo es que tienes que hacer algo un poco más difícil: cambia tus pensamientos, cambiarás tus sentimientos, y como resultado, cambiarás tus acciones, tus resultados y el trato con los demás".

Elimine la tristeza de su conciencia, ¡hay miles de cosas en las que estar interesado y por las que tener ilusión! Use el increíble poder de su mente y comience a disfrutar de la alegría de vivir. Primero, cuestione sus pensamientos. Tenemos unos 60.000 pensamientos al día, uno por segundo y el 80% son negativos. En el momento que analice sus pensamientos y se dé cuenta que no tiene que creer sus propios pensamientos, fulminará de un plumazo cualquier atisbo de infelicidad. Segundo, use el método Sedona: elimine el pensamiento negativo **AHORA** y automáticamente elimina la emoción negativa. Tercero, centre su mente única y exclusivamente en pensamientos positivos y descarte los negativos.

Invite a la alegría a su vida, haga de la ilusión por vivir su mejor amigo y considere que la insatisfacción puede hacer cambiar su vida. Haga un plan de 100 cosas que le gustaría lograr y haga otra lista con pequeñas cositas que le hacen feliz a diario e intégrelas en su rutina. Escriba sus creencias negativas, cuestiónelas y busque evidencias de que no son verdad. Use el método Sedona.

"La mayoría de las personas son tan felices como deciden serlo". Abraham Lincoln

2.4. DE LA INFELICIDAD A LA FELICIDAD

Recuerdo una noche cuando era niño, mi abuelita me contó una historia sobre cómo cada persona libera su propia batalla interna en su mente. Me dijo:"Querido hijo, es una batalla entre dos lobos que viven en nosotros. Uno es la infelicidad: miedo, preocupación, culpa, odio, resentimiento, inferioridad y envidia. El otro es la felicidad: compasión, amor, esperanza, optimismo, alegría, gratitud, amabilidad y generosidad".

Después de meditar, le pregunté: "¿Y quién gana la batalla, abuela?". Ella me miró con ojos compasivos y respondió:"El que dés de comer, hijo mío".

¡Gracias abuelita, nunca olvidaré palabras tan sabias!

PENSAMIENTOS

1. Soy millonario porque puedo disfrutar de todo, me acepto como soy, con mis defectos y virtudes, soy mi mejor amigo.

2. Llene su mente con tantos pensamientos bonitos que sea imposible la entrada de un solo pensamiento negativo.

3. Reste poder a esos pensamientos negativos que a veces aparecen. Déjeles que pasen sin importancia. ¡Usted tiene el control!

SENTIMIENTOS

4. Ámese a sí mismo y piense en su felicidad primero. Una persona feliz es un regalo para el resto, familia, amigos y para la sociedad.

5. Haga todo con alegría y encontrará la alegría en todas partes.

6. Haga que la serenidad y la paz mental sean sus aliados. Tenga la seguridad que la vida es un maravilloso viaje de ida nada más.

ACCIONES

7. Haga su meditación diaria de felicidad.

8. Actúe como la persona feliz en que se quiere convertir.

9. Practique "fluir", estar absorto en actividades que le apasionen.

10. ¿Quiere usted un mundo más feliz? Deje a cualquier persona con la que tenga contacto más feliz de lo que la encontró.

"Amar lo que haces y sentir que es importante, ¿qué más se puede pedir?" Catherine Graham

2.5. DE FALTA DE AFECTO AL AMOR

Según los estudios de Edward Diener, padre de la investigación de la felicidad y Martin Seligman, fundador de la psicología positiva, una característica común en la gente feliz es una relación íntima con otra persona.

De hecho, nuestro cerebro está programado para relacionarlos con los demás y por eso las emociones son contagiosas.

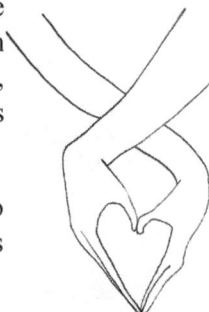

Ésta es la historia de Pedro Hernández, un amigo mí. Cuando éramos adolescentes, él solía estar siempre solo, no tenía amigos, no era muy bien parecido y tampoco tenía mucho éxito en los deportes o en los estudios. Un día, Juan Sánchez, uno de los chicos más populares de la escuela decidió ayudar a Pedro, se hicieron amigos, hablaron mucho y decidieron hacer un plan.

Juan le dijo a Pedro que su abuela le había revelado tres secretos para ser popular y tener amigos. Primero, acéptate como eres, no hay nadie como tú y todo el mundo tiene algún don para ofrecer al mundo. Segundo, encuentra el equilibrio en la vida: salud, dinero, amor, relaciones, profesión y espiritualidad. Tercero, céntrate sólo en los aspectos positivos de los demás, no en los negativos.

Juan también le dijo que observara sus emociones. Sé amable y compasivo con los demás, todo el mundo necesita ayuda. Si en alguna ocasión te sientes herido, cambia tu percepción o habla con la persona en cuestión y la emoción negativa se disipará en segundos. Sobre todo, muestra respeto por todo el mundo y eso disipará cualquier emoción negativa como envidia, ira, hostilidad y decepción entre otras. Además, rodéate de una red de apoyo, aprende a escuchar, aumenta tu capacidad de amar y considera al mundo tu familia, de hecho lo es. Después de muchos años, Pedro le preguntó a Juan por qué le había ayudado tanto y Juan respondió:"porque me ayudaste a ser mejor persona". Estábamos cenando los tres en un restaurante. ¡Fue maravilloso!

"El regalo de la felicidad pertenece a aquellos que lo entregan". Anónimo

2.6. DEL EGOÍSMO A LA GENEROSIDAD
PENSAMIENTOS

1. ¡Imagine qué diferente sería el mundo si todos cultiváramos el sentido de ayudar a los demás!

2. Se dice que el secreto de la vida es dar. Téngalo en cuenta y su vida se transformará. Una de las emociones más enriquecedoras es cuando mejoras la vida de otra persona.

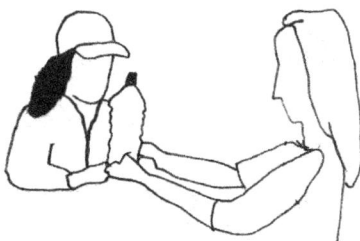

3. ¿Cómo quiere que le recuerden? ¿Como un gigante entre sus semejantes? Viva cada día como si fuera el más importante de su vida. Haga de su vida una experiencia inolvidable.

SENTIMIENTOS

4. Usted no quiere crear sentimientos de tristeza e inferioridad en sus hijos. Necesitan una autoimagen fuerte, necesitan satisfacción, alegrías compartidas, risa, juego, la seguridad de alternativas y aceptación incondicional.

5. ¿Quién no se sintió estúpido o aburrido en la escuela alguna vez? Los profesores deberían construir la autoconfianza de los niños cada vez que puedan. Crítica en privado y alabanza en público.

6. Los mensajes de la sociedad materialista nos transmiten que no estamos bien, que necesitamos más para sentirnos bien. Acéptese como es, no necesita comprar todo lo que le venden.

ACCIONES

7. Haga de la generosidad un modo de vida, puede dar muchas cosas: una mano amiga, una palabra reconfortante, su compañía,

su tiempo.

8. Busque formas de contribuir socialmente: personas sin techo, medioambiente, prisiones, hospitales, programas sociales.

9. Sonría, ría y haga reír a la gente siempre que pueda. Vístase de payaso y haga reír a niños enfermos, vea muchos programas cómicos.

10. Lo mejor que usted puede hacer por la sociedad es ser feliz, sea ejemplo, exprese que nuestra vida es un regalo de Dios y que nuestro regalo para Dios es disfrutar de una vida maravillosa para nosotros, nuestros seres queridos y la sociedad en general.

"Si no tenemos paz es porque hemos olvidado que todos pertenecemos a una gran familia". Madre Teresa

2.7. DE LA DUDA A LA DETERMINACIÓN

Cómo se escribió este libro

La historia de cómo se escribió este libro ilustra perfectamente cómo yo pasé de la duda a la determinación. Mi experiencia con libros de autoayuda comenzó cuando tenía 17 años. Pasé un año en Estados Unidos, Indiana, con una familia estadounidense haciendo el último año de escuela secundaria antes de empezar la universidad. Fue muy duro al principio, ya que no hablaba inglés y era mi primera vez fuera de casa. Así que encontré en estos libros la ayuda necesaria.

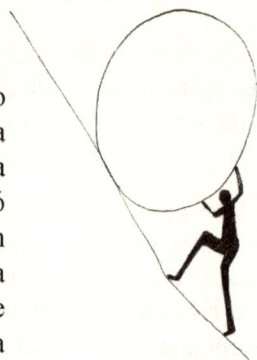

Más tarde estudié psicología; sin embargo, ninguna asignatura trataba el tema de la felicidad directamente, así que solía ir a la biblioteca pública y devoraba todo aquello relacionado con dicho tema. Hacia la edad de 37, la idea de escribir un libro sobre felicidad me empezó a rondar la cabeza. Al principio tuve dudas:

¿Quién eres tú para escribir un libro sobre felicidad?¿Cómo empiezo?, asaltaban mi mente. Sin embargo, como en todas las decisiones importantes en la vida, llega un punto de no retorno, un avance, donde dices:"Estoy harto, yo decido y tomo el control". Tomé la decisión con confianza. Me mantuve flexible, leyendo, escribiendo y no dejé que nada perturbara mi sueño de un día convertirme en escritor.

Atravesé los valles de la frustración, incomodidad y desesperanza pero nunca perdí el ánimo. Dios plantó esta semilla en mí y yo tenía la determinación de acabar el proyecto, pagaría el precio que fuera necesario. Además, la curiosidad natural de científico que llevo dentro, de intentar crear un producto de valor para los lectores, nunca me dejó y me ayudó en los momentos de flaqueza.

En el proceso, aprendí a liderar con ejemplo, a hacer lo que digo que voy a hacer, a trabajar con alegría, a desarrollar fuerza y a ser perseverante. Como dicen, no hay habilidad que ayude más al éxito que la perseverancia, es cuestión de tiempo.

"Cree y tu creencia creará la realidad". William James

2.8. DE LA PASIVIDAD A LA PASIÓN

La pasión y la ilusión pueden añadir fuerza a cualquier cosa que queramos. Pero, primero ha de saber qué le apasiona.

PENSAMIENTOS

1. ¿Cuál es su hobby, qué le gusta, qué admira en

otras personas, qué le solía encantar cuando era pequeño, qué odia tanto que quiere cambiar?

2. Visualice, imagine su sueño con toda la emoción que pueda, comience donde está (no necesita conocer todo el camino, sólo los primeros pasos) y vaya mejorando a medida que avanza.

3. Si piensa que está bien con un trabajo aburrido que ni siquiera le da suficientes recursos para poder llevar una vida feliz con

sus seres queridos o si piensa que es mejor intentar desarrollar una actividad interesante donde se sienta apasionado y pueda incrementar sus ingresos, tiene razón de todos modos, usted elige sus pensamientos.

SENTIMIENTOS

4. Sienta sus emociones, especialmente las negativas. ¿Qué le dicen?

Ellas le llevarán a su destino si escucha y actúa en consecuencia.

5. Cuando se centre en su pasión, cualquier emoción negativa es fulminada: depresión, tristeza, envidia, resentimiento. Deje espacio en su corazón sólo para dar lo mejor de sí mismo a sus semejantes.

6. Debe salir de su zona de confort, de la pasividad. Puede ser un poco incómodo al principio, pero es la forma de crecer como persona.

ACCIONES

7. ¿Cómo se hace? Como todo lo demás, usted debe tomar una decisión. Decidir es renunciar a otras opciones y no mirar atrás.

8. Piense en grande, los sueños pequeños no generan la motivación necesaria para seguir adelante cuando llega la tormenta, y llegará.

9. Los dos motivadores más fuertes son los sueños por cumplir y la insatisfacción. Úselos para explorar opciones y mejorar su vida.

10. Investigue, intente, cometa errores hasta que encuentre el propósito de su vida que hará que brille su mirada, resplandezca de entusiasmo y su vida sea el cielo en la tierra.

"Siempre sé la mejor versión de ti mismo, no una copia de otra persona". - Judy Garland

UN FUTURO BRILLANTE

2.9. DE LA PREOCUPACIÓN A LA ESPERANZA La historia de Oprah Winfrey

Oprah Winfrey descubrió su talento de muy joven, hablar y escuchar con empatía, pero tuvo una niñez muy dura. Nació en un pueblo del estado de Mississipi, Estados Unidos, y fue criada por su abuela. Sufrió abuso físico y emocional. Como adolescente, consumió drogas, tuvo un aborto y fue su padre quien enderezó su vida.

Se dio cuenta que todos sus problemas se debían a la falta de autoconfianza y a la preocupación por la opinión de los demás. De reportera de televisión pasó a presentadora y actriz. Vio que la preocupación no la servía para nada, tomó perspectiva y se centró en las soluciones. Ha sido considerada como una de las cien personas más influyentes del siglo XX y la revista Forbes la nombró la primera mujer millonaria de color.

Ella ha mencionado muchas veces que todos tenemos el poder para cambiar nuestra vida, que somos los únicos responsables por todo lo que hay en nuestra vida, nuestra salud, nuestra riqueza y nuestra felicidad, que siempre hay una posibilidad para el éxito y que todo comienza en su mente y en su corazón.

Su vida nos sirve de ejemplo de cómo sustituir la preocupación por la esperanza. La esperanza es tomar acción con entusiasmo y no esperar a que nadie nos resuelva los problemas, buscando la lección positiva en cada situación. Comience AHORA mismo a ser la persona que anhela ser, llena de esperanza por las buenas cosas que van a ocurrir en el futuro y sea la estrella brillante que ilumina al resto. Enseñe a todos a su alrededor que siempre hay esperanza para ser mejor, para encontrar mejores soluciones a los problemas, para buscar mejores opciones profesionales, para mejorar nuestra salud, nuestras relaciones con los seres queridos, con nuestros amigos y en el trabajo.

"La única forma de encontrar los límites de lo posible es yendo más allá hacia lo imposible". Arthur C. Clarke

2.10. DEL PESIMISMO AL OPTIMISMO Cómo cambié de ser pesimista a un gran optimista

Según el diccionario, un pesimista es aquella persona que tiene la tendencia de ver sólo lo negativo y siempre ve lo peor de las cosas. De adolescente, recuerdo que solía exagerar lo negativo, incluso llevando las cosas a puntos extremos en mi mente. Mis amigos incluso me regalaron un peluche de un dibujo animado del momento llamado "Calimero", un pequeño pollito negro. Siempre estaba preocupado y sólo le pasan cosas negativas.

En algún momento de mi vida cambié y hoy soy el más ferviente optimista. Intento ser tan realista como sea posible, pero siempre con ese toque especial de esperanza, viendo lo mejor en las personas y en las situaciones. Me imagino el mejor futuro posible y trabajo para conseguirlo. Siempre me pregunto: "¿Qué es lo peor que puede pasar?" y me preparo mentalmente para afrontarlo. Además, nunca me olvido de cuidar al niño que llevo dentro, siempre intentando estar maravillado por las cosas, siempre encontrando el placer de la aventura y siempre intentando disfrutar del momento presente.

Decidí que iba a ser el tipo de persona que dice: "Cuando las cosas se ponen duras, los duros se ponen a trabajar. Yo voy a estar por encima de las circunstancias". Creo que el mejor regalo que podemos hacer a los demás es transmitirles buenas sensaciones, con la esperanza de que ellos también lo transmitan. Es como una canción. ¿No es verdad que si oímos a alguien tararear una canción se nos pega? Y finalmente,

¿Cuál es el sentido de SU VIDA? ¿Estamos solos en el universo?

¿Quién sabe? Yo lo que sé es que la felicidad es una decisión nuestra,

¿Por qué no nos hacemos una bonita vida y la disfrutamos? Por cierto, le invito a que se haga un diario y describa cómo mejorar como persona. ¿Qué cambiaría si fuera un optimista ejemplar?

"El futuro pertenece a aquellos que creen en la belleza de los sueños". Eleanor Roosevelt

3. ACCIONES

¿Qué puede hacer usted para mejorar su salud, crear más riqueza y abundancia en su vida y disfrutarlo con sus seres queridos? ¿Qué acciones puede emprender para crear la vida de sus sueños?

DIOS NEPTUNO

¿Quiere usted resultados extraordinarios? Actúe, persista y conseguirá más de lo que haya imaginado

Dios de los mares, terremotos y caballos

1. ¿Cómo puede mejorar sus faciidades mentales y conseguir cualquier cosa que quiera y disfrutar de la vida?

De la inconsciencia e ignorancia emocional al poder ilimitado y la inteligencia emocional

2. ¿Cómo puede transformar sus acciones en virtudes personales?

De la parálisis y postergación de tareas a la motivación y las virtudes personales

3. ¿Quiere usted una larga vida con relaciones enriquecedoras?

De relaciones pobres y con problemas de salud a relaciones enriquecedoras y una larga vida con salud

4. ¿Cómo puede llegar a ser lo que quiera y convertirse en número uno en su profesión?

De la mediocridad a la excelencia y a la mejora continua

5. ¿Cómo puede incrementar su riqueza y desarrollar su ser espiritual?

De principiante a experto

3.1. DEL DESCONOCIMIENTO AL PODER

ILIMITADO

¡20 años en el extranjero!

El mundo de la autoayuda, éxito y felicidad siempre me atrajo mucho. Desde que dejé España con 17 años, he estado en dos continentes, en quince países, y visitado o vivido en unas cien ciudades.

He presenciado bastantes expresiones de la naturaleza humana; deseos, éxitos y miserias. He visto mucha gente que renunció a sus sueños y a hacer algo significativo con sus vidas. Hagamos un trato, ¿Por qué no retomamos esos sueños que siempre tuvo y los transformamos en una realidad?

Primero, ¿Qué desea realmente? Puede empezar incrementando su percepción de lo que es posible, cambiando sus creencias (de por qué no se puede a cómo lo voy a hacer) o incluso su estrategia (crea y encuentre el camino). Segundo, sólo producirá resultados en su vida cuando tenga la imagen de sí mismo que puede hacerlo. Debe cambiar por dentro antes de cambiar su realidad exterior. Tercero, el significado de la vida no es tanto qué nos sucede, sino nuestra interpretación de los hechos. Nuestras herramientas son las preguntas, las palabras que empleamos, y el diálogo con nosotros mismos.

Conozca y controle sus emociones. Si no es tan feliz como desea es porque hay ciertas reglas personales que no le dejan serlo. ¿Qué emociones le gustaría sentir a diario?

Sea un experto en el cambio, asociando dolor a no cambiar y placer a los cambios que quiere lograr. Haga un plan de acciones diarias que puede tomar para conseguir ese placer saludable. Yo decidí que quería contribuir con algo que perdurara tras mi muerte, así que, escribí este libro. Es una formal de ser inmortal. Si tanto solo una idea le ayuda a mejorar su vida, me doy por satisfecho.

"El conocimiento en sí mismo es poder". Francis Bacon

3.2.DE IGNORANCIA A INTELEGENCIA EMOCIONAL

La ignorancia emocional es no conocer nuestras emociones, cómo maximizar las positivas y minimizar las negativas, no reconocer las emociones de los demás ni saber fomentar buenas relaciones.

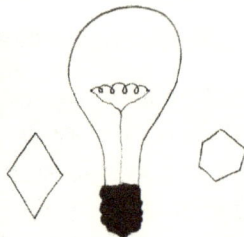

¡Desarrollemos inteligencia emocional!

PENSAMIENTOS

1. Normalmente lo que motiva la conducta es cambiar la forma en que nos sentimos. Escoja pensamientos y sentimientos positivos.

2. Use esta gran caja de herramientas: Cambie su fisiología (camine rápido, espalda recta y vista al frente; ¡es imposible sentirse mal!), cambie sus pensamientos, sus preguntas, su autodiálogo, sus creencias, sus valores. ¡Usted tiene el control!

3. Sea consciente de las consecuencias de sus decisiones y acciones. Identifique y cambie los pensamientos negativos.

SENTIMIENTOS

4. Empatía: entienda los sentimientos y preocupaciones de los demás. Somos, pensamos y sentimos de forma diferente.

5. Intuición: aprenda a identificar sus reacciones emocionales.

6. Autoaceptación: aprenda a sentirse bien, conozca sus fortalezas y debilidades, y aprenda a reírse de sí mismo.

ACCIONES

7. Desarrolle un plan para control emocional cada semana. ¿Qué le hace sentir mal?¿Qué puede hacer para sentirse bien a menudo?

8. Aprenda a ser un mejor comunicador: Escuche, pregunte y aprenda la diferencia entre las palabras y el lenguaje del cuerpo.

9. Asertividad: Exprese sus sentimientos en público, disfrute de sus relaciones y añada valor a la vida de otras personas.

10. Resolución de conflictos: Aprenda a negociar con el modelo gano-ganas. Las dos partes se benefician mutuamente.

"La integridad significa no conformarse con menos de lo que sabes que mereces en tus relaciones personales". Bárbara De Angelis

3.3. DE LA PARÁLISIS A LA MOTIVACIÓN TOTAL El Héroe de ventas puerta a puerta

Bill nació en 1932 en Estados Unidos con daño cerebral, lo cual le ocasionó muchas dificultades para hablar y caminar. Las agencias de trabajo y los expertos le dijeron que no era apto para trabajar; sin embargo, no tuvieron en cuenta la fuerza del espíritu humano. Bill encontró trabajo en ventas. La compañía Waltins le aceptó para el área de Portland. Tenía dificultades incluso para hacer los movimientos más básicos. Siguió hacienda su trabajo durante 38 años y al final la empresa le reconoció su dedicación y compromiso con la entrega de un trofeo.

Esta historia enseña varias lecciones maravillosas. Mentalmente, cuanto más elevado es el objetivo, más fuerte será la motivación y la fuerza. Además, la clave para la grandeza es la decisión comprometida que lleva a la fuerza imparable de la perseverancia. Otra arma poderosa que destruye la parálisis y lleva a la acción inmediata: cree una maravillosa y viva imagen de lo que desea, y manténgala en su mente hasta que se vuelva realidad.

A nivel emocional, todas las personas con éxito comparten varias cosas. Una es que se divierten con la actividad escogida.

Otra es lo que la psicología llama "fluir"; involucrarse tanto en la tarea que se pierde la noción del tiempo, creando así gran satisfacción y resultados. ¡Qué maravilloso sería si todos sintieran eso!

¿Qué puede hacer una persona? Usted tiene el poder de crear un movimiento mundial si la causa lo merece (paz, pobreza, medioambiente). Crea en su maravilloso potencial. Haga una lista de las ventajas de hacer lo que quiere y todos los inconvenientes de no hacerlo. Enumere por escrito todas las recompensas que se va a dar cuando consiga el éxito. Y finalmente, el verdadero secreto para el éxito es emprender la acción e ir evaluando resultados.

"Cuando el sueño es lo suficientemente grande, la realidad actual no importa". Sam Kalenuik

3.4. DE LA POSTERGACIÓN A LAS VIRTUDES PERSONALES

PENSAMIENTOS

1. Encuentre el fuego en su interior. Las personas con éxito aman lo que hacen y les satisface mucho hacer una labor que roce la excelencia. Mejore y sea más creativo cada día. No se compare.

2. La diferencia entre las personas felices y frustradas es el significado que deciden darle a las circunstancias. Haga un compromiso personal que nada interferirá con su felicidad y comience a construir sobre esa base, con metas, actividades y lo que usted escoja.

3. ¿Está creando la vida de sus sueños? Diseñe su vida como si fuera una obra de arte. No tiene que copiar a nadie, fulmine las dudas.

SENTIMIENTOS

4. Déle toda la importancia del mundo a su don, fue colocado en su corazón por Dios para enriquecer al mundo. No hay mayor placer que esforzarse por una causa noble y compartirlo con los demás.

5. El secreto de la felicidad, alegría y paz mental es seguir a su corazón. Siempre le mostrará lo que le hace feliz, lo que le hace estar enamorado de la vida y esto redundará en la felicidad de otros.

6. Estamos aquí para servir. No hay otro propósito más elevado.

ACCIONES

7. Comparta su don. Haga una lista de todos sus talentos y compártalos con sus semejantes a diario. Eso le hará una persona feliz.

8. Cómo afrontar los problemas de la vida: El secreto es verlos como una experiencia de aprendizaje para seguir aprendiendo como persona.

9. Cómo afrontar sus miedos: Encárguese de las cosas que puede controlar y no se preocupe del resto. Además, la valentía se desarrolla afrontado el miedo. Así que, ¡sienta el miedo y hágalo igualmente!

10. Aprenda a vivir con el cambio. Dicen que lo único cierto en la vida es el cambio. Todo cambia: nuestros cuerpos, pensamientos, emociones, relaciones, la sociedad, el mundo y el planeta.

"Por eso os digo que todas las cosas por las que oréis y pidáis, creed que ya las habéis recibido, y os serán concedidas". Marcos 11:24

3.5. DE POBREZA A RIQUEZA EN LAS RELACIONES

Hoy en día estamos presenciando una crisis en la pareja. Alrededor del 50% de

las parejas en el mundo occidental no llegan al tercer año después del matrimonio. Hablaremos de relaciones de pareja aunque los mismos principios se pueden aplicar a otras relaciones.

Primero, conozca los valores y reglas de la persona con la que comparte su vida. Segundo, vea la relación como un lugar para dar no para recibir, no debería necesitar a nadie para sentirse bien. Tercero, haga que su relación sea su prioridad, no permita que la intensidad y la pasión se desvanezcan. Finalmente, siempre recuerde lo que ama de la otra persona, refuerce los sentimientos de unión y renueve los sentimientos de intimidad y atracción.

La ciencia asevera que la emoción más deseada es la conexión con otro espíritu; sin embargo, no somos muy duchos en la tarea. Como explica la Dra. Bárbara DeAngelis, hay cuatro fases perniciosas en una relación. Identifique y analícelas con honesta comunicación antes de que sea demasiado tarde. Uno, Resistencia: se siente herido por algo, pero no lo comunica. Dos, Resentimiento: ahora está enfadado y una barrera emocional destruye la intimidad. Tres, Rechazo: comienza a ver todo irritante. Cuatro, Represión: ya no siente nada, evita sentir, ya sea dolor o pasión.

Céntrese en hacerlo cada día mejor y será mejor. Pregunte a su pareja cómo le gusta ser amado/a (¿ver, oír, sentir?). Para algunas personas es muy importante oír las palabras "te quiero", mientras que otras son más visuales y les gusta ver actos de amor (un ramo de flores, pequeños regalos). Planeé momentos románticos cada semana para mantener la pasión viva. Pregúntese: ¿Qué puedo hacer para hacer a esta maravillosa persona más feliz hoy? Siempre recuerde que ¡no tenemos derecho a hacer sentir mal a la persona que decidió pasar el resto de sus días con nosotros!

"El bienestar de las personas es la ley más alta". Cicerón

3.6. DE PROBLEMAS DE SALUD A UNA LARGA VIDA

PENSAMIENTOS

1. Haga el "reto mental" de una semana. En los próximos siete días renuncie a pensamientos o sentimientos negativos. Si llegan, déjeles ir. Reoriente su mente consciente a lo que quiere pensar, sentir y tener.

2. Haga ejercicios mentales diarios, ya que fortalecen nuestras facultades mentales y previenen enfermedades degenerativas.

3. Medite todos los días por lo menos 5 minutos. Todo su ser se beneficiará, su mente, su cuerpo, sus emociones y su espíritu.

SENTIMIENTOS

4. Aprenda la sensación de ser feliz sólo por el hecho de estar vivo y después añada un millón de cosas que le hacen feliz a diario.

5. El secreto para la salud y la felicidad es ser capaz de maximizar las emociones positivas y minimizar las negativas.

6. Llene su corazón con positivismo: amor, alegría, optimismo, curiosidad, fidelidad, contribución, compasión y pasión.

ACCIONES

7. Alimentación: Desayune como rey, coma como príncipe y cene como mendigo. Tenga una dieta equilibrada y baja en calorías, con sus carbohidratos, proteínas, vitaminas, minerales y dos litros de agua.

8. Deporte: Éste es uno de los hábitos más saludables que pueda tener. Haga al menos treinta minutos de ejercicio al día. El cerebro produce endorfinas, un antidepresivo natural. ¡Le encantará!

9. Humor: Sonría y ría tanto como pueda. La risa tiene un efecto muy positivo en el sistema inmune. Además, la persona que ríe a

menudo es más flexible ante las dificultades y tiene un efecto muy positivo en las personas a su alrededor.

10. Haga tantas actividades como pueda para liberar su espíritu. Baile como si nadie estuviera mirando, cante como si fuera un profesional, ría como si no pudiera parar y abrace como si fuera una despedida.

"La belleza nunca es perfecta". Proverbio

3.7. DE LA MEIOCRIDAD A LA EXCELENCIA

Jim Carrey: de la pobreza al extrellato

Jimmy era un chico introvertido sin amigos durante la escuela en los suburbios de Toronto, Canadá. Empezó a hacer reír a sus compañeros y comenzó a ser popular. Actuaba en la escuela y luego en un club pero no tuvo mucho éxito. Sus padres rozaban la pobreza y padecían de depresión crónica. Las cosas no iban muy bien.

Sin embargo, se mantuvo trabajando hasta que lo consiguió. Incluso cuando se hizo famoso, siguió mejorando su estilo. Cuando era pobre escribió un cheque de 10 millones de dólares con su nombre y lo llevaba continuamente en el bolsillo. Cuando su padre murió en 1994, tenía el cheque real en sus manos. Fue el ferviente deseo de salir de la pobreza lo que le dio esa fuerza constante.

De esta historia podemos aprender que el éxito muchas veces es el triunfo sobre uno mismo, sabiendo que a veces hay que hacer lo que no nos gusta durante bastante tiempo. Todos los que han llegado al nivel de excelencia en su trabajo saben que no hay tiempo para quejas, que los resultados normalmente llevan su tiempo y que todo lo que se haga con entusiasmo y pasión le llegará a uno multiplicado.

Muchas personas con éxito empezaron de cero, consiguieron sus metas gradualmente, dándose el tiempo necesario para que las cosas evolucionaran, incluso cuando cometieron algún error en el camino. Sin embargo, sabían que conseguirían su sueño

"La mente es el poder maestro que todo lo forma y crea. Y el hombre es parte de esa mente. Y cada vez que haga uso de esa herramienta, podrá conseguir lo que quiera, atrayendo mil alegrías o pesares. El hombre piensa en secreto pero se expresa en su realidad externa. Nuestro entorno no es más que un reflejo de nuestro interior". James Allen. El pensamiento humano.

3.8. DEL RENDIMIENTO MEDIOCRE A LA MEJORA CONTINUA EN EL TRABAJO

PENSAMIENTOS

1. ¿Qué es la felicidad en el trabajo? La parte mental es orgullo personal, la percepción individual de la labor bien hecha. La parte afectiva es satisfacción.

2. Sea un líder, sea ejemplo de entusiasmo por la labor a realizar, siempre intentando ofrecer un buen servicio a los clientes, mejorar el clima laboral y aumentar beneficios para la empresa.

3. Se dice que pasamos más de media vida en el lugar de trabajo. Pienso que deberíamos ser lo más felices posible en ese tiempo. Le invito a dar ejemplo de autoconfianza, creatividad y alegría.

SENTIMIENTOS

4. Felicidad y trabajo en equipo. Según muchos estudios, los equiposde trabajo más eficientes eran los que tenían como objetivos:

La satisfacción de cliente, el clima laboral y el beneficio de la empresa.

5. Cómo afrontar la sobrecarga de trabajo. Escriba todas la cosas que deber hacer, priorice las más importantes y acabe las tareas una a una.

6. Cómo afrontar el aburrimiento. Céntrese en las actividades importantes que le hacen estar vivo, cambie de actividades a diario y delegue las actividades más repetitivas a alguien de confianza.

ACCIONES

7. Haga de la mejora continua su mejor amigo, en sí mismo, en su equipo de trabajo y en la empresa. Siempre se puede mejorar.

8. Le recomiendo que comience con un coach o un mentor. Es crucial hacerse responsable y rendir cuentas del proceso ante alguien.

9. Siga mejorando sus fortalezas y clarificando sus valores, sólo es cuestión de tiempo hasta que aparezcan nuevas oportunidades.

10. Dése cuenta de la posición que tiene en el trabajo. ¿Cómo llegó hasta ahí? Aplique los mismos principios.

"La formación de las mujeres en el mundo no puede más que resultar en una vida más amable, tolerante y justa para todos". Aung San Suu Kyi, Premio Nobel de la Paz

3.9. DE ESTUDIANTE A EXPERTO EN RIQUEZA

Aunque Andrew Carnegie se convirtió en uno de los titanes de la era industrial, comenzó siendo un niño pobre de Escocia. Su padre tejía a mano en un taller, pero cuando la Revolución Industrial llegó a Escocia, no pudo mantener su trabajo. Durante años, la familia tuvo muchos problemas para

llegar a fin de mes, así que decidieron empezar de nuevo en América. Con trece años consiguió un trabajo en un molino de algodón. Trabajaba doce horas al día, seis días a la semana. Después empezó a trabajar en el telégrafo. Debido a su ética de trabajo, la empresa Ferrocarril de Pensilvania le ofreció un puesto, donde consiguió ganar más y escalar la escalera corporativa. Pronto comenzó a invertir en empresas de ferrocarril, y finalmente, dio en el blanco con inversiones en la industria del acero. Tales inversiones le permitieron ser propietario de una empresa de acero, con beneficios de 120.000 millones de dólares.

John Rockefeller nació en Richford, Nueva York, y tuvo cinco hermanos. Su padre era vendedor ambulante y enemigo de la moralidad convencional. Hacía cualquier cosa con tal de no trabajar demasiado. Su madre tenía grandes dificultades para mantener cierta estabilidad en el hogar, especialmente cuando su padre permanecía ausente durante semanas. Se mudaron varias veces. John encontró trabajo de contable después de la escuela, donde ganaba 50 dólares en tres meses. En 1859 decidió crear su negocio con su amigo Maurice B. Clark. Construyeron una refinería de petróleo. La gestionaba otra familia pero muy pronto les comprarían su parte. Pronto su hermano también se metió en el negocio. Al final de todo, Rockefeller fundó la empresa Oil Standard y llegó a ser el primer multimillonario del mundo.

"El éxito es seguir el tipo de vida que a uno más le satisface".

Al Cappone

3.10. DEL VACÍO EXISTENCIAL Al SENTIDO DE LA VIDA

¿Cuál es el significado de la vida?

Buena pregunta, probablemente la pregunta más planteada en la historia. Mi opinión, y debe ser una opinión personal, no impuesta por nadie, es que la vida no tiene sentido, y al mismo tiempo, tiene muchos sentidos. Todo depende del sentido que usted le quiera dar. Después de algunos años, confusión, fracasos, éxitos, puedo decir que he encontrado el sentido a mi vida.

Mi vivencia. Soy un ser espiritual en un cuerpo físico en el siglo 21 en el planeta Tierra. Me encanta la vida, estar vivo y me gustaría llegar a los 100 años. Me considero una persona feliz y aprendo todos los días a ser un poquito más feliz en todas las áreas de la vida. Finalmente, me hace sentir muy bien poder compartir mis experiencias con otras personas e intentar aportar algo de valor asus vidas. Cuanto más aporto a otras personas, mejor me siento. Algunas sugerencias:

Primero, la vida tiene más sentido cuando todos tus objetivos están en armonía los unos con los otros.

Segundo, lo mejor, tenga un plan de vida coherente.

Tres, la creatividad es una gran fuente de realización ysignificado.

Siguiente, vea cualquier dificultad como un proceso de aprendizaje. Además, desarrolle su lado espiritual y religioso, si lo ve correcto. Finalmente, desarrolle el hábito de la esperanza y el optimismo. Intente averiguar un poquito más cada día sobre lo que tiene sentido para usted. ¡Es un viaje fascinante!

Autor desconocido

Reír es arriesgarse a parecer un tonto

Llorar es arriesgarse a parecer un sentimental

Buscar pareja es arriesgarse a que no funcione

Expresar los sentimientos es arriesgarse a ser uno mismo

Compartir ideas con un público es arriesgarse a su pérdida

Amar es arriesgarse a no ser amado

Vivir es arriesgarse a morir

Tener esperanza es arriesgarse a la desesperación

Intentar es arriesgarse al fracaso

4. SER INDIVIDUAL
¿QUIÉN QUIERE SER?

DIOS VOLCANO

Actúa como la persona que quieres ser, Te transformarás en esa persona, tan seguro como que la noche sigue al día

Maestro herrero y artesano de los dioses, Dios del fuego y la forja

1. ¿Quiere dominar el arte del autocontrol?

Del caos y la falta de orden a la organización y el autocontrol

2. ¿Cómo puede desarrollar el poder de la determinación?

De la vagancia y la inmadurez a la determinación y la madurez

3. ¿Cómo puede desarrollar responsabilidad social y moderación como principios básicos en su vida?

De falta de participación social y excesos en diferentes áreas a la responsabilidad y la moderación

4. ¿Sabe cuánto puede conseguir con perseverancia?

Del esfuerzo irregular y la apatía a la persistencia y el trabajo duro

5. ¿Cómo conseguir la independencia financiera y ser justo?
De falta de control financiero y la injusticia a la independencia financiera y la justicia

4.1. DEL CAOS AL ORDEN
¡Cómo dejé la tierra de la confusión!

Yo creo en que la vida es un proceso de aprendizaje continuo y muchas veces nos sentimos perdidos y confusos. He estado ahí, pero gracias a Dios, al final gané en claridad y orden en mi vida. Hay muchas formas de vivir la vida. Un común denominador a todos los humanos es la búsqueda de seguridad en todas las áreas. Una tendencia es anclarnos en algo que nos da seguridad. Sin embargo, el problema es que si hacemos depender nuestra felicidad de esas "seguridades", vivimos en una montaña rusa emocional, reaccionando.

Una forma mucho más inteligente de vivir es centrarse en los principios eternos. No se vuelven locos o nos empiezan a tratar de forma diferente. No se quieren divorciar o son infieles. Están asegurados contra fuego, terremotos o robos. Son principios cruciales por los que vivir. En este libro, hice un resumen de 100 valores humanos. Dependiendo del autor varían, desde la época griega que mencionaba el amor como el valor principal hasta la época moderna, donde se habla de más de cien. Así pues, querido lector, ya no tiene por qué tener miedo, tiene 100 nuevos amigos a su disposición todo el tiempo. Simplemente, déjelos entrar en su vida. Piense, sienta y actúe según dichos valores. No se arrepentirá.

Pareja. Deje que el amor le guíe y sea comprensivo.

Familia. Deberíamos amar sin condiciones.

Posesiones. Mi prioridad es en ser y en amar, no en tener. Trabajo. Intento siempre tener equilibrio con el resto de áreas. Placer. Significado es más satisfactorio que placer superficial. Amigos o enemigos. Usted decide lo que significan las cosas. Iglesia. Todas las religiones tienen algo bueno y positivo.

Uno mismo. Del egoísmo al crecimiento continuo.

"El hombre inteligente debe preocuparse más por encontrar

su verdad que por lo que piensen los demás". Aristóteles

4.2. DE FALTA DE ORDEN AL AUTOCONTROL

Crecer es un proceso natural de la vida, basado en dos pilares, autoconocimiento y autocontrol. Conocerse a sí mismo era uno de los valores más importantes en la antigua Grecia. Es crucial en una sociedad cada vez más demandante. Nos ayuda a valorar nuestros talentos y habilidades a hacer el camino de la vida con optimismo. Autocontrol es pura sabiduría.

PENSAMIENTOS

1. Conózcase a sí mismo primero. Pregúntese qué quiere en la

vida, cómo quiere ser, por qué no está consiguiendo lo que desea y qué plan de acción tiene para ir en pos de sus sueños.

2. Desarrolle control mental, calma y serenidad.

3. Dígase a sí mismo: "Todos los días tengo mejor autocontrol".

SENTIMIENTOS

4. Calma. Cuando está en calma y con espíritu optimista, puede evaluar las dificultades y alternativas mucho mejor.

5. Elimine reacciones impulsivas, cuente de 1 a 10.

6. Felicítese y dése recompensas por su progreso en autocontrol.

ACCIONES

7. Haga esta rutina matutina: Tómese unos minutos para

relajarse, respire profundamente y aclare su mente. Piense en OM.

8. Haga una lista de situaciones difíciles que debe afrontar. Véase solucionando cada una de ellas y sintiéndose espectacular por ello.

9. Use la Técnica de Control de Acciones. Después de hacer relajación por la mañana, planee el día en macros de 3 tareas y

ejecute en micro cada una. Por ejemplo, ahora me voy a asear, me visto y recojo un poco la casa. Cuando haga cada tarea, piense sólo en lo que está haciendo en el momento. Le dará una gran sensación de control y satisfacción. Cuando acabe a por otras 3 tareas.

10. Use la Terapia Racional Emotiva. Se cuestionan los pensamientos que generan emociones negativas, diciendo:"No es verdad que esto siempre me pasa. Tengo el poder de cambiar la situación o cómo reacciono ante ella".

"La valentía es el precio que la vida exige para adquirir paz mental". Amelia Earhart

4.3. DE LA PEREZA A LA PERSEVERANCIA

Napoleon Hill (1883-1970) fue un autor estadounidense y unos de los pioneros del género de libros de éxito. Su obra más famosa fue "Piense y Hágase Rico", uno de los libros más vendidos de todos los tiempos. A la muerte de su autor ya había vendido 20 millones de copias. La obra del Sr. Hill examina el poder de las creencias personales y la importancia que tienen en el éxito personal. Llegó a ser asesor del presidente Rooselvelt.

La mayoría de las personas renuncian a sus sueños cuando llegan las dificultades. Sólo unos pocos continúan a pesar de los obstáculos y consiguen los resultados deseados. Éstos son personas como Ford, Carnegie, Rockefeller y Edison.

Como decía el Sr. Hill, la perseverancia es un estado mental que se puede cultivar trabajando en los siguientes conceptos:

1. Propósitos significativos. Con una razón poderosa afrontará cualquier reto en la vida.

2. Deseo. Cuanto más fuerte, más fácil de mantener.

3. Creencia en uno mismo. Desarrolle este aspecto crucial.

4. Planes. Organice, priorice y supervise el progreso.

5. Conocimiento exacto. Elimina incertidumbre y ansiedad.

6. Cooperación. Cree un equipo con apoyo mutuo.

7. Fuerza de voluntad. La concentración hace milagros.

8. Hábito. La repetición forma hábitos saludables.

9. Aplique estos principios y cualidades a su vida y formará hábitos de éxito para toda una vida.

10. Resultados. Ésta es la dulce recompensa para aquellos que sigan estos pasos. Le llevarán a sus sueños económicos, libertad e independencia mental, poder y fama. Transforman el miedo, la desilusión y la indiferencia en resultados extraordinarios.

"Lo que la mente humana puede concebir y creer, lo puede conseguir". Napoleón Hill

4.4. DE LA INMADUREZ A LA MADUREZ

Según Steven R. Covey, autor del bestseller internacional "Los Siete Hábitos de la Gente Altamente Eficiente", la madurez es un proceso que pasa por dependiente, independiente a interdependiente. De depender de cosas y otras personas a ser un individuo independiente, y finalmente, darse cuenta que todos dependemos de los demás.

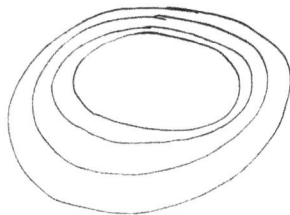

PENSAMIENTOS

1. Piense en situaciones gano-ganas. Cuando equilibramos nuestros

deseos con las necesidades de otras personas, sentamos las bases para mejores relaciones y el bien común para una mejor sociedad.

2. Comenzar con un objetivo en mente nos da claridad, seguridad y serenidad. No se puede llegar a ningún sitio si no se conoce el destino.

3. Primero lo primero. Aprenda a diferenciar entre importante y urgente. Esto le dará visión, equilibrio, disciplina y control.

SENTIMIENTOS

4. Ser proactivo significa ser responsable por nuestras acciones y ser libre para responder a las demandas de la vida como deseamos en realidad y no con reacciones automáticas que luego lamentamos.

5. Primero entienda a otras personas antes de pedir que le entiendan a usted. Es uno de los deseos más profundos del ser humano. Aprenda dicha habilidad y sus relaciones mejorarán inmediatamente.

6. Encuentre la sinergia. Es la síntesis de varios puntos de vista que crean una idea superior, basada en trabajo en equipo.

ACCIONES

7. Aplique la proactividad a un problema concreto por una semana.

8. Escriba su misión y sus principales metas en la vida.

9. Cambie la distribución de tareas en función de sus necesidades.

10. Utilice el principio de empatía en una relación concreta.

"A veces las preguntas son más importantes que las respuestas".

Nancy Willard. Poeta americana

4.5. DE FALTA DE IMPLICACIÓN SOCIAL A RESPONSABILIDAD Y LIDERAZGO

¡Usted me salvó la vida!

Un hombre llamado Bob corrió hacia el conocido orador John C. Maxwell y le dijo:" ¡Usted salvó mi carrera. Le estoy tan agradecido!". Entonces el Sr. Maxwell le preguntó:" ¿Y cómo lo hice?". El hombre respondió: "Tengo cincuenta y tres años y he tenido una posición de liderazgo durante los últimos 17 años pero tuve muchas dificultades por mi falta de liderazgo. El año pasado fui a uno de sus seminarios, apliqué lo que enseñó y ahora el equipo me reconoce como un gran líder.

¡Gracias por haberme convertido en un líder!

Veamos cómo podemos mejorar nuestro liderazgo:

PENSAMIENTOS

1. Influencia. El propósito principal es tener seguidores. Entienda los aspectos más importantes de usted mismo y sus seguidores.

2. Prioridades. El éxito es la realización de un ideal digno de usted. Por favor, diferencie entre lo importante y los detalles.

3. Visión. Primero desarrolle pasión por una meta antes de intentar persuadir a otros. Lo que vea en su mente es lo que conseguirá.

SENTIMIENTOS

4. Actitud. Es el aspecto más importante en la vida.

5. Personas. Cuantas más personas aprendan de usted, mayor será el legado que deje tras de sí cuando ya no esté.

6. Haga un cambio positivo pero empiece por usted mismo.

ACCIONES

7. Integridad es la correlación entre sus palabras y sus actos. La

gente hará lo que usted hace, no lo que usted les diga que hagan.

8. Solucione problemas potenciales antes de que se conviertan en emergencias. Sea claro en qué, cómo y por qué de las cosas.

9. Autodisciplina. Uno de los atributos más importantes. ¡Quién eres es lo que más impacto creará!

10. Desarrollo personal. Cree el entorno apropiado y tanto usted como su equipo crecerán exponencialmente.

"Naciste para ganar, no naciste para perder. Eres lo que haces de ti mismo". Lou Holtz

4.6. DEL EXCESO A LA MODERACIÓN Y EL BIENESTAR

PENSAMIENTOS

1. Viva de acuerdo a sus aspiraciones, no a sus

necesidades básicas. Sus aspiraciones incluyen todo lo que usted puede conseguir, mientras que sus necesidades le llevan a viejos hábitos. Sea la mejor versión de sí mismo.

2. Manténgase en estado óptimo. ¿Cómo se siente cuando está feliz? Mantenga en mente lo que le hace feliz y se sentirá con más energía,

alerta, relajado, entusiasta, libre de tensión y centrado.

3. Mantenga su bienestar. Para la felicidad, la eficiencia y el bienestar son cruciales la comida sana, el ejercicio regular y el descanso.

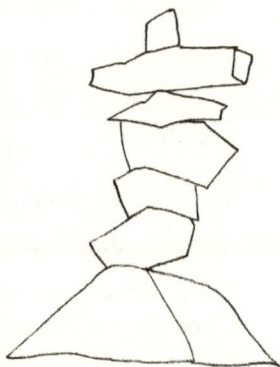

SENTIMIENTOS

4. La tensión inhibe la felicidad. Deje ya de estrangularse a sí mismo

con el estrés. La felicidad irradia relajación, alegría y confianza.

5. Triunfe sobre la ansiedad. El mejor antídoto es una buena carcajada. Inténtelo, ría sin razón bien alto. Vaya con una sonrisa de

oreja a oreja, se sentirá mucho mejor y hará feliz a sus semejantes.

6. Elimine tensiones. Véase sonriendo, con éxito y sintiéndose genial. Practíquelo hasta que se vuelva un hábito.

ACCIONES

7. Tome descansos para respirar. Para ser feliz, debe oxigenar su cuerpo lo más que pueda.

8. El bienestar requiere equilibrio y respiración. Para sentirse feliz y con confianza, póngase en posición recta, respire profundamente e irradie relajación y bienestar.

9. Irradie energía positiva. Imagínese cómo le gustaría sentirse. Tenga buenos pensamientos y transmitirá buenos sentimientos.

10. Elimine la negatividad, el miedo, el enfado y las emociones negativas. Pregúntese: ¿Qué estoy pensando ahora? No tengo evidencia para pensar de forma negativa. ¡Todo estará bien, Dios está conmigo!

"El conocimiento es amor y luz y visión". Helen Keller

4.7. DEL ESFUERZO IRREGULAR A LA CONSTANCIA
Cómo aprendí la lengua alemana

Es curioso cómo funcionan las cosas a veces y la confusión que los comentarios de otras personas producen en nosotros. El primer idioma que aprendí fue inglés. Lo teníamos en el colegio pero yo era un desastre. No fue hasta que pasé un año en un país de habla inglesa que aprendí de verdad. Cuando cumplí 19 años decidí ir a Londres, Inglaterra, a hacer mi primera licenciatura en traducción-interpretación de idiomas. Mi tercer idioma era alemán.

Tuve dos grandes experiencias. La primera fue hablar en público. Solíamos hablar en frente de la clase dos veces por semana en diferentes idiomas sobre cualquier tema posible.

Como nos dijeron los profesores: "¡Váis a odiar hablar en

público, pero al final, os va a encantar!". ¿Qué pasó? Eso fue exactamente lo que pasó. Te acabas enamorando de comunicar, inspirar y hablar al público.

La otra experiencia que tuve fue aprender alemán. Me pasé un año estudiando vocabulario, gramática, escuchando noticias, leyendo periódicos y haciendo presentaciones. Recuerdo al profesor principal del departamento de alemán diciendo en frente de la clase: "Óscar, no eres bueno en los idiomas, nunca aprenderás el idioma alemán". ¡Guau, menudo comentario motivador. Estaba realmente avergonzado! Sin embargo, no dejé que nada se interpusiera entre yo y mi sueño. Iba a trabajar como traductor o intérprete de tres idiomas. Después de la licenciatura en Londres, pasé cuatro años en Alemania, perfeccionando el idioma. Después de todo, el mayor piropo que me han hecho fue en Inglaterra y Alemania, hablando con gente desconocida en la calle. Pensaron que era inglés en Inglaterra y alemán en Alemania por la forma de hablar. Creo que conseguí un buen nivel en ambos idiomas, ¿no?

"Simplemente olvida lo que otros dicen de ti. La perseverancia es tu mejor amigo y hará milagros en tu vida".
Oscar Escallada

4.8. DE LA APATÍA A LA REALIZACIÓN PERSONAL

El concepto de autorrealización se ha hecho bastante popular en el mundo occidental, influido en gran parte por las religiones asiáticas. Por ejemplo, en la religión hindú, la autorrealización se refiere a un profundo despertar espiritual, que se aleja de la imagen de identidad personal (ego). La rama de Advaita Vedanta es la que ha desarrollado este concepto.

También, Abraham Maslow y Carl Rogers, psicólogos estadounidenses, desarrollaron el concepto de la propia actualización en la psicología humanista. Maslow definió la autorrealización como "el impulso de convertirse en lo que uno es capaz de llegar a ser".

Según Maslow, el significado más común de este concepto es crecimiento psicológico y madurez. Representa el despertar y manifestación del potencial latente del ser humano. Veamos algunas características importantes:

PENSAMIENTOS

1. Verdad. Honestidad consigo mismo y con otros.

2. Autoaceptación.

3. Independencia, autonomía y autodeterminación.

SENTIMIENTOS

4. Bondad, justicia y simplicidad.

5. Dinamismo y espontaneidad.

6. Satisfacción con las diferentes áreas de la vida.

ACCIONES

7. Sea único y esté orgulloso de su individualidad.

8. Justicia, juego limpio e imparcialidad.

9. Convencerse a uno mismo que puede hacer las cosas con facilidad.

10. Alegría, diversión y entretenimiento.

"Estar maravillado por todo es el comienzo de la sabiduría".

Proverbio griego

4.9. DE FALTA DE CONTROL FINANCIERO A LA INDEPENDENCIA FINANCIERA

¡Matando a la Gallina de los Huevos de Oro!

Un granjero y su mujer tenían una gallina que ponía huevos de oro. Pensaron que la gallina debía tener un gran trozo de oro en su interior, así que decidieron matarla para sacarlo todo. Después se dieron cuenta que la gallina era igual al resto. La ignorante pareja, con el afán de hacerse ricos, se quedaron sin su sustento diario. Esta fábula nos enseña el peligro de ser demasiado ambicioso, más allá de lo necesario. Hay muchas teorías sobre cómo llegar a la independencia financiera, es decir, a no tener que trabajar para financiarse la vida. Les enumero las más populares. Por favor, adéntrese en este fascinante mundo:

1. Plan Convencional Lento-pero-Seguro. Un trabajo regular le puede proveer con ingresos necesarios, por lo menos al principio.

2. Camino Motivacional Mente-sobre-Realidad. Se trata de adquirir conocimientos de libros de autoayuda y poner en práctica tanto la teoría como los consejos más prácticos.

3. Robert Kiyosaki, autor. Enseña que cada uno se puede hacer sus propias reglas, especialmente en esta sociedad tan cambiante.

4. Camino del Trabajador de Clase Media. Amy Dacyczyn explica cómo vivir con bajos ingresos y hacer grandes cambios.

5. Camino del Idealista Inteligente. Joe Domínguez da muchas ideas de cómo retirarse joven con independencia financiera.

6. Camino del Ciudadano. John Greaney lidera un movimiento sobre la negatividad. Siempre está bien saber qué no hacer.

7. Camino No-Consumista (Paul Terhorst). Principalmente para parejas jóvenes sin niños. La idea es intercambiar posesiones

caras por la libertad de no trabajar.

8. Camino Holista del Buscador. Esta es la opción más inteligente, tomar ideas de varias tendencias, ponerlas en práctica y ver cuáles le funcionan mejor. Es lo que yo hago y recomiendo.

"Planifique sus finanzas y planifica su vida". Oscar Escallada

4.10. DE FALTA DE FÉ A RELIGIÓN Y ESPIRITUALIDAD

La ciencia no puede obviar el hecho que la espiritualidad y la religión tienen un efecto poderoso y positivo en la vida, en la salud, en el bienestar, en las relaciones y en la felicidad. Tomando como referencia los Estados Unidos, la mayoría de las personas creen en Dios. Si usted considera que le puede ser beneficioso, yo le recomiendo encarecidamente que se adentre en el mundo de la espiritualidad y la religión. Para mí tiene mucho sentido para vivir la vida y afrontar las innumerables dificultades del camino.

La espiritualidad es la búsqueda de lo sagrado, del significado de la vida mediante algo superior al humano. Las personas espirituales se refieren a Dios como el poder divino o la verdad suprema. La religión también presupone una búsqueda espiritual pero de forma más institucionalizada. Algunas personas son sólo espirituales, otras religiosas y otras ambas. Según estudios científicos, las personas esprituales/religiosas tienen una mejor salud mental y física, afrontan el estrés de forma más constructiva, desarrollan mejores relaciones de pareja, hacen menor uso de drogas y alcohol y viven más años.

Éstas son algunas de las razones por las que le invito a profundizar en los dominios de la espiritualidad y de la religión:

1. Sentido a la vida en todas sus facetas.

2. Fuerza en tiempos difíciles (enfermedad, muerte, desempleo).

3. Sensación de control de nuestro destino y situaciones personales.

4. Sentimientos de esperanza, gratitud, amor, compasión y alegría.

5. Emociones positivas y experiencias relacionadas con la felicidad.

6. Mayor felicidad en el matrimonio y en la vida familiar.

7. Apoyo social en al comunidad (ayuda, amistad, compañerismo).

8. Una mejor salud mental y física.

9. Estilo de vida más positivo y menos estresante.

10. Oración, meditación y lectura de textos son excelentes formas de tener la espiritualidad y religión presentes en nuestras vidas a diario.

"Si juzgas a la gente, no tendrás tiempo de amarles". Madre Teresa

5. SER SOCIAL

¿Qué tipo de relaciones quiere tener?

DIOSA VESGTA

Sea ejemplo de amor y apoyo a otros, multitud de bendiciones llegarán a su vida

Diosa del hogar, del correcto orden, de lo doméstico y de la familia

1. ¿Qué relación le gustaría tener con usted mismo primero y con sus padres?

Del desconocimiento personal y relaciones insatisfactorias al autoconocimiento y la gratitud

2. ¿Cómo ser mejor hermano/hermana y amigo/a?

De conflictos familiares y resentimiento al entendimiento y la lealtad

3. ¿Cómo puede mejorar la relación con su pareja y con sus compañeros de trabajo?

Del amor "con condiciones" y la mentalidad de empleado mediocre al amor incondicional y ser número uno en el trabajo

4. ¿Quiere ser un padre, abuelo/a feliz y satisfecho/a?

Del descuido e inexperiencia al cuidado y la sabiduría

5. ¿Le gustaría mejorar su relación con la comunidad y el mundo?

De falta de preocupación social e individualidad a la responsabilidad como líder social y la serenidad de la unidad con la humanidad

TODO EMPIEZA CON USTED
5.1. DESCONOCIMIENTO A AUTOCONOCIMIENTO

Yo ya cumplí los 40 años y he tenido unas cuantas experiencias. He vivido en varias países, he acabado dos licenciaturas y tres másters de postgrado, y con trabajo y esfuerzo llegué a ser director general de hotel. Ha sido un interesante proceso de autodescubrimiento. He viajado bastante pero el mayor viaje sin duda fue el que hice internamente que me convirtió en la persona que soy hoy, con mis talentos y defectos, y sobre todo, con mis pasiones. Permítame, querido lector, hacer un pequeño resumen de sugerencias:

Todo comienza con una mente clara. Primero, guarde sus ideas y sueños para usted. Deje que la gente le pregunte cómo está consiguiendo sus resultados y por qué irradia tanta felicidad. Segundo, lea, hable con expertos, pero siempre confíe en usted mismo más que en nadie, cuando se trate de decisiones vitales. Tercero, piense por sí mismo. Todos nos sentimos vulnerables alguna vez, todos tenemos miedos y preocupaciones y todos queremos que nos amen y nos acepten. Así que, por favor, averigüe qué desea realmente, haga su reflexión e investigaciones.

En el área emocional, aprendí que no pasa nada por tener emociones negativas a veces. Exprésalas, digiéralas y continúe. Además, la verdadera felicidad nace desde dentro y lo mejor es no condicionarla a nada ni a nadie. Trate de crear un entorno donde pueda ser usted mismo y le recuerden lo importante en la vida.

¿Cosas importantes que hacer? Encuentre siempre tiempo para usted, para cuidar su mente, su cuerpo y sus emociones. Demande respeto de los demás y sea parte de las soluciones de este mundo y no de los problemas.
"Es una de las grandes recompensas de la vida que no puedes ayudar a alguien de forma sincera sin ayudarte a ti mismo".
Charles Dudley Warner

A HIJOS E HIJAS
5.2. DE RELACIONES POBRES A RELACIONES ENRIQUECEDORAS

Esta parte se la dedico a todos los hijos e hijas. Considero que nuestros padres se merecen lo mejor, ¿no cree? Nos dieron la vida, nos amaron y nos dieron todo lo que pudieron para que fuéramos felices. ¿Por qué no intentar ser mejores hijos e hijas?

¿Algún remordimiento, resentimiento o conflicto? Déjelo estar, el perdón es el antídoto. Elimine cualquier sentimiento negativo hacia usted mismo o hacia los demás. ¡Su vida empieza ahora mismo y va a tener una experiencia increíble!

PENSAMIENTOS

1. Sepa lo que les gusta. Cada persona tiene su propio mundo interior.

2. Exprese su aprecio por todas las cosas maravillosas que sus padres hicieron y siguen haciendo por usted.

3. Busque actividades comunes que puedan compartir y disfrutar.

SENTIMIENTOS

4. Sea honesto. No mienta. Ayúdeles a crear un gran lazo de confianza y no permita que se rompa jamás.

5. Sea independiente y cuídese. Sea maduro e intente no preocuparles demasiado.

6. Ame, ayude y sea amable con sus hermanos y hermanas. Sea el que resuelve los conflictos. No es cosa suya si los demás no ayudan.

ACCIONES

7. Intente hacerlo lo mejor posible en el colegio, universidad, deportes y trabajo. Eso será bueno para usted y para todos los que le rodean.

8. Ayude en las tareas del hogar si vive con ellos. Sino, tenga contacto frecuente y ayúdelos en lo que sea posible.

9. No se avergüence por mostrar su amor a sus padres. Hágalo de la mejor forma que ellos entiendan (palabras, acciones, regalos).

10. Tenga siempre sentido del humor. Como en la mayoría de las relaciones, si pueden reír juntos, lo están haciendo bien.

"El amor puro es la intención de dar sin recibir nada a cambio".
Peace Pilgrim, pacifista.

A HERMANOS Y HERMANAS
5.3. DE CONFLICTOS FAMILIARES A ENTENDIMIENTO

Dos hermanos vivían en ambas laderas de una montaña. Uno era muy rico pero no tenía niños y el otro tenía muchos niños pero era muy pobre. El hermano rico pensó: "Tengo tanto y mi hermano tiene tan poco, le llevaré algo de la cosecha por la noche sin que me vea nadie". El hermano pobre pensó:"Tengo tanta felicidad con mi familia y mi hermano se le ve tan triste, le llevaré algo de la cosecha por la noche sin que me vea nadie".

Y así siguieron los dos hermanos llevándose algo de la cosecha al otro lado de la montaña. Cada mañana miraban sus despensas y no les faltaba nada. Ninguno de los dos podía explicar aquel fenómeno pero daban gracias a Dios por su generosidad. Con el pasar de los años se produjo un hecho fortuito. En vez de cruzarse como siempre se encontraron en lo alto de la montaña, cada uno con una parte de la cosecha. Se miraron sorprendidos y de repente se dieron cuenta de lo que había estado sucediendo durante años. Se fundieron en un abrazo y lloraron allá, en la cima de la montaña. ¿Quiénes eran estos hermanos? No se sabe muy bien, pero como cuenta la leyenda, allí mismo se construyó un templo sagrado en honor al amor entre hermanos.

¡Maravillosa historia! Nosotros también podemos hacer muchas cosas: comparta su afecto con sus hermanos, ofrézcase a cuidarles los hijos. Dedíqueles tiempo. Dé ejemplo. Ofrezca consejo y un hombro sobre el que llorar. Ayúdeles cuando necesitan una mano amiga. Pase tiempo con sus padres. Sea el hermano/hermana que visita a sus padres y ayuda en los asuntos familiares. Finalmente, cuide la lealtad, el respeto, la confianza, la responsabilidad y el sentido del humor.

"La generosidad es dar más de lo que puedes y el orgullo es tomar menos de lo que necesitas". Kahlil Gibran
AMIGOS

5.4. DEL RESENTIMIENTO A LA LEALTAD

PENSAMIENTOS

1. El gran secreto para tratar con gente es "hacerles sentir importante". Es la necesidad profunda más importante. Si puede hacer eso se ganará el cariño de la gente.

2. Siempre puede mejorar su amabilidad: tenga un interés sincero en los demás, sonría, recuerde los nombre de la gente, aprenda a escuchar,

3. Usted puede vencer a sus enemigos. Muestre respeto por la opinión de otras personas. Intente evitar decir que los demás no tienen razón.

SENTIMIENTOS

4. La mejor forma de tratar quejas es dejar a la otra persona que se exprese. Escuche atentamente, muestre que entiende sus sentimientos y que hará todo lo posible para solucionar la situación.

5. Haga sentir a los demás cómodos con lo que usted quiere. Sea honesto y empático, y muestre los beneficios de lo que pide.

6. ¿Cómo puede criticar y no ser odiado? Lo puede hacer pero de forma indirecta. ¡Elogie a la persona y sugiera otra forma de hacerlo!

ACCIONES

7. Los que hagan esto, tendrán al mundo a sus pies. Motive, despierte a la gente, convénzales de que todo el mundo puede tener un ideal por lo que luchar, que lo lleven en sus mentes y en sus corazones.

8. Elogie a la gente delante de otras personas.

9. ¿Cómo puede motivar para el éxito? Recompense con palabras o con bienes materiales y sea generoso.

10. Lo que todo el mundo quiere es sentir que sus ideas son importantes. Evite discusiones, muestre respeto, reconozca sus errores, haga que la gente crea en lo que usted quiere que ellos hagan, haga que piensen que las ideas son suyas y sea amable.

"Aquellos que no saben llorar con todo su corazón no saben reír".
Golda Meir, Primera Ministra de Israel

AMOR DE PAREJA
5.5. AMOR INCONDICIONAL

Lo más importante en la vida es una causa por la que vivir y alguien por quien vivir. Dos proyectos de vida en uno.

Había una vez un chico que creía en el verdadero amor y decidió esperar a que apareciera la mujer perfecta. Pensaba que tenía que haber alguien ahí fuera para él, pero esa chica nunca llegaba. Cada año por Navidad le visitaba su exnovia. Él sabía que ella todavía tenía esperanza de avivar el romance que una vez tuvieron. Sin embargo, él no quería darle falsas esperanzas, así que cada vez que venía le decía a una de sus amigas que se hiciera pasar por su novia.

Un día fue solo a una fiesta. Uno de sus amigos le preguntó: ¿Pues cómo estás solo este año?¿No tienes novia esta vez?¿Qué pasó con aquella chica canadiense? Pensó por un momento y finalmente se dio cuenta que la chica de sus sueños había sido ella todo el tiempo. ¡Se dio cuenta que había estado buscando la perfección!

Entonces decidió llamar a la chica y su padre le dijo que había fallecido en un accidente de coche. El chico estaba hundido. ¡Se odiaba a sí mismo por darse cuenta demasiado tarde de su error!

Atesore lo que tiene.

El tiempo va demasiado lento para los que esperan; Demasiado rápido para los que temen;

Demasiado largo para los que sufren; Demasiado corto para los que celebran; Pero para aquellos que aman…

El tiempo es eterno.

Para todos aquellos que tienen a alguien especial en sus

corazones, por favor, cuiden a esa persona. Atesoren cada momento que pasen juntos, ya que en la vida cualquier cosa puede pasar en un instante.

¡Puede que te arrepientas al darte cuenta demasiado tarde!

EN EL TRABAJO
5.6. DE EMPLEADO A NUMERO UNO

PENSAMIENTOS

1. Sea una estrella del rock. Sea la mejor versión de sí mismo en el trabajo, en su rendimiento y con sus compañeros.

2. Piense como un ejecutivo. Haga que el éxito de la empresa sea su responsabilidad. Incremente ventas, reduzca gastos y aumente beneficios.

3. Aprenda más para ganar más. La mejor inversión que puede hacer es desarrollar sus habilidades para incrementar su valor.

SENTIMIENTOS

4. ¡Sea una persona feliz! Cuanto más feliz sea usted, más feliz hará a todos los que le rodean. Es simple. Haga más cosas de las que le hacen feliz. Inclúyalas en su rutina diaria.

5. ¡Sea superentusiasta! Disfrute de todo. Considere los cambios como oportunidades para crecer, amar y vivir con pasión.

6. ¡Inspire a otros a ser mejores! La grandeza llega a su vida cuando es capaz de inspirar a otros a hacer grandes cosas.

ACCIONES

7. Trabaje duro y las bendiciones llegarán. Las personas de éxito

trabajan más duro que lo demás. Roce la excelencia en su profesión, trabaje de forma inteligente y encuentre pasión en lo que hace. Tenga su lugar de trabajo tan limpio como sea posible. Dice mucho de usted.

8. Aprenda a decir no. Cada vez que dice sí a cosas sin importancia está diciendo no a cosas más importantes.

9. Relájese, disfrute y sea más productivo. Se ha probado que las mejores ideas aparecen cuando está uno relajado y disfrutando.

10. Tenga excelentes relaciones con sus compañeros de trabajo. Respete, sea positivo, abierto y honesto, diga "por favor" y "gracias", prometa menos y haga más, deje a la gente mejor que los encontró, sea amable y generoso. Conozca bien a la gente y salude a todo el mundo.

"Qué maravilloso es el hecho que nadie tiene que esperar ni un instante para mejorar el mundo". Anne Frank, escritor

LIDERAZGO SOCIAL
5.7. DE FALTA DE INTERÉS SOCIAL A LÍDER EN CAUSAS SOCIALES

Estimado lector, yo no solía estar muy involucrado en temas sociales. Sin embargo, cuanto más viejo me hago, más me doy cuenta que estamos todos interconectados, todos somos una gran familia viviendo en un planeta que da vueltas sobre sí mismo, con un delicado equilibrio bioquímico y probablemente solos en la galaxia. Así que considero que lo mejor que podemos hacer es ayudarnos los unos a los otros tanto como podamos y ser buenos ciudadanos. Veamos qué podemos hacer:

1. Ayude a otros. Hay mil formas. Todo depende de usted. ¿Qué se le da bien hacer? ¿Se le dan las plantas? Entonces podrá ayudar en programas sociales. ¿Tiene muchas ropa que no usa en su armario? Dónelo a la caridad.

2. Sea amable. No puede mirar mal a la gente y ser maleducado si quiere ser un buen ciudadano. Sonría y respete a sus semejantes.

3. Dé ejemplo. Recoja la basura si ve algo tirado en la calle, no se limite a observar o pasar de largo.

4. Su apoyo siempre ayuda, aunque esté dando ánimo a un niño de siete años que aprende a montar en bicicleta.

5. Buen juicio. Úselo y no eche a perder la reputación de los demás.

6. Done. Una vez más. Se puede hacer de muchas formas.

7. Sea educado. Diga "por favor" y "gracias".

8. Ayude. Sonría mucho. Haga lo que otros no harían.

9. Sea buen ciudadano. No porque le vayan a dar un trofeo, sino por la satisfacción de hacer el bien.

10. Estudie temas sociales y políticos y haga trabajos sociales.

"Cualquier tarea que eleve el espíritu humano tiene dignidad e importancia, y debería realizarse con el mayor de los esmeros". Dr. Martin Luther King, Jr.

PADRES
5.8. DE LA NEGLIGENCIA AL CUIDADO

Ser padre es una de las experiencias más satisfactorias que se pueden tener. Sin embargo, lo más importante que un padre puede transmitir a su hijo es la sensación de ser amado. Recuerde:

¡No tiene que ser infalible para ser un padre "perfecto"!

PENSAMIENTOS

1. Sea un modelo para sus hijos de una vida

saludable. Harán lo que usted hace, no lo que les dice que hagan. Hable con ellos sobre temas importantes como drogas, alcohol, sexo y problemas sociales.

2. Sea consistente. Enseñe los hábitos de personas que llevan una vida feliz y productiva, no normas de conducta teóricas.

3. Siempre sea su guía pero permítales que vivan sus vidas. Deje que comentan sus errores y aprenda la lección, evite la crítica.

SENTIMIENTOS

4. Exprese amor y afecto. Dígales que les ama todos los días. Déles muchos abrazos y besos. Eleve su autoconfianza con ánimos, elogios y aprobación. Ame sin condiciones.

5. Ayúdeles a sentirse seguros. Respete su privacidad como a

usted le gustaría que respetaran la suya. ¡No discuta en frente de los niños! Sólo les hará sentir inseguridad y culpabilidad.

6. Elogie a sus hijos y haga que se sientan especiales y únicos. Enseñe que no pasa nada por ser diferentes y que todos tenemos un don.

ACCIONES

7. Escuche. Realmente escuche sus preocupaciones con atención.

8. Mantenga un orden. Ponga límites como hora de acostarse y hora de volver a casa. Se sentirán cuidados por sus padres.

9. Renuncie a los malos hábitos: el juego, el alcohol y las drogas pueden poner en peligro la seguridad de su hijo. Fumar casi siempre perjudicará la salud de sus hijos.

10. Pase tanto tiempo como pueda con ellos y ame sin límites.

"Cuando uno está en paz consigo mismo se convierte en el tipo de persona que puede vivir en paz con los demás". Peace Pilgrim, líder espiritual

ABUELOS
5.9. DE LA INEXPERIENCIA A LA SABIDURÍA

La siguiente es una carta ficticia de un niño pequeño a sus abuelos:

Querida abuelita y querido abuelito,

Me encanta escuchar vuestros sabios consejos. ¡Perdón que a veces parece que no os escucho, pero soy todo oídos! También me gusta cuando les dáis consejos a mamá y a papá. A veces les oigo decir que tienen algunos problemas. Gracias por cuidar de mí, por saber lo que me gusta y por preguntarme mi opinión sobre muchas cosas.

Lo que más me fascina son las historias de vuestras vidas y me encanta cuando me leéis libros para nosotros, los niños.

¡Y por supuesto, los regalos, los regalos son lo máximo!

Me encantan las fotos. Me encanta ver las fotos con todos nosotros en ellas. Me encanta ver a mis papás cuando eran más jóvenes.

¡Quiero estar siempre con vosotros! Sé que tenéis vuestra propia casa, pero… ¿Por qué no venís todos los días a la mía?

¿En serio mis padres hicieron eso cuando eran pequeños como yo? Se lo tengo que decir a mamá. ¿De verdad tenían esos juguetes? Un niño en el colegio tiene un juguete nuevo, ¡está guay! ¿Les podéis decir a mis papás que me lo compren? Quiero jugar con vosotros, quiero hacer un pastel. ¿Me enseñáis juegos?

¿Vamos a la playa o al parque mañana, o mejor al río? Bueno, también quiero ir al cine. Bueno, no sé, pero ¡por favor venid y hagamos algo juntos!

Querida abuelita y querido abuelito, hacéis tantas cosas por mí y yo no sé lo que hago por vosotros, pero os prometo una cosa, ¡Os quiero y siempre os querré con todo mi corazón!

"La grandeza de una persona se mide por su ternura con los niños, su compasión con los mayores, su simpatía con los afligidos y su tolerancia con los débiles y fuertes. Porque en algún momento de tu vida habrás sido todos ellos". George Washington

UNIDAD CON LA HUMANIDAD
5.10. DE LA INDIVIDUALIDAD A LA SERENIDAD DE LA UNIDAD CON LA HUMANIDAD

En mi caso he aprendido a amarme a mí mismo, a mis semejantes por lo que son y me encanta esta aventura, llamada vida. Hago mi ritual por las mañanas. Expreso mi gratitud a Dios por todo lo que tengo y le pido que todo salga bien, no sólo para mí, sino también para todos aquellos que amo. Después hago una corta meditación y visualización de mis objetivos, y finalmente, mis ejercicios de estiramientos. No me lleva tanto tiempo, unos quince minutos. Así que cuando estoy preparado en todos los sentidos (mental, emocional, física y espiritualmente), comienzo con mis actividades diarias. Hago todas ellas con pasión.

Amor a sí mismo. Acéptese por quién es usted, por su autoestima, sus talentos y habilidades, por su capacidad de tomar decisiones y por la convicción de que se ama a sí mismo y es su mejor amigo.

Ame a sus semejantes. Éste es el amor que le tiene a otras personas. Sienta el afecto que otras personas le tienen, sea una persona agradable y cuide a sus amigos y seres queridos.

Ame la vida. Ame y cuide su profesión, disfrute de sus actividades diarias y de las pequeñas cosas, y desarrolle sus habilidades sociales. Aprenda a vivir la vida, a afrontar los retos con optimismo, y sobre todo, a disfrutar cada minuto de vida que se le ha concedido.

Aprenda a disfrutar de la conexión con la energía espiritual. Cuanto más a menudo experimente esa conexión, más mágica se hará. Puede rezar, meditar en silencio, escuchar música o estar en la naturaleza.

El poder de la oración. Encuentro la oración muy importante, ya que es una forma de mantener la conexión con nuestro ser más elevado. En cuanto a la religión, escoja la que más le llene.

Meditación. Concéntrese en un mantra y haga repeticiones.

Escuche a su voz interior. ¡Haga una pregunta, responda sin pensar y actúe, ésa es la sabiduría interna! ¡Confíe en Dios y siga el camino!

"¡Todos somos seres espirituales, conéctese a la dimensión espiritual". Oscar Escallada

6. SALUD

¿Cómo puede tener una salud extraordinaria y sentirse lleno de energía todo el tiempo?

DIOSA HIGEIA

Como trate a su cuerpo la primera mitad de su vida, así le tratará él a usted en la segunda mitad

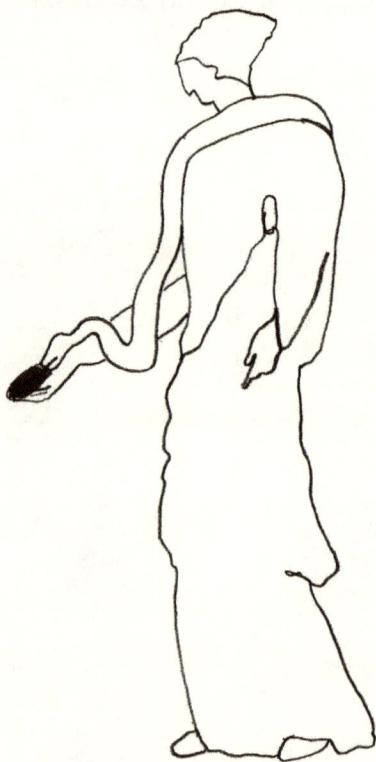

Diosa de la salud

1. ¿Cómo tener una salud mental perfecta?

De la debilidad mental y la angustia a la higiene mental y la armonía cuerpo-mente

2. ¿Cómo multiplicar su inteligencia emocional?

De las batallas emocionales y la ignorancia a la inteligencia emocional y la estabilidad

3. ¿Cómo disfrutar de una larga vida y un cuerpo espectacular?

De la enfermedad y los hábitos poco saludables a una larga vida y un cuerpo espectacular

4. ¿Cómo mejorar sus relaciones con familiares y amigos?

De conflictos familiares y soledad a felicidad en familia y relaciones enriquecedoras

5. ¿Cómo sería su profesión ideal?

De una vida desequilibrada y la sensación de estar perdido al equilibrio familia-trabajo y una definición personal de ambición

MENTAL
6.1. DE DEBILIDAD A HIGIENE MENTAL

Bien, su cuerpo está sano, pero ¿su mente fluye, no tiene confusión y está en paz? A veces los malos hábitos mentales nos juegan malas pasadas. No es difícil desarrollar una buena higiene mental y ya ha tomado el primer paso, analizando sus pensamientos. Recuerde, todo empieza en nuestro interior. Éstas son algunas de las cosas que a mí me han servido; espero que le ayuden también:

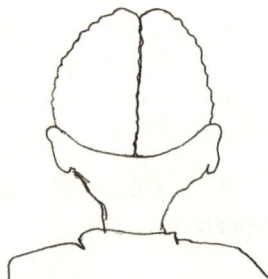

1. Mantenga su mente activa. Mejore sus relaciones sociales y exprese su amor y cariño a las personas más cercanas a usted.

2. Plantéese retos. Busque una ocupación que le proporcione sentido y autoestima o céntrese en los aspectos de su trabajo actual que le resulten más interesantes y estimulantes.

3. Llene su mente con pensamientos optimistas. Reducirá enormemente el aburrimiento y posibles conflictos internos.

4. Rodéese de belleza. Redecore su casa o jardín. Haga una limpieza profunda. Haga una buena selección de música.

5. Asegúrese de identificar cualquier indicio de trastorno emocional (ansiedad, depresión), busque ayude y elimine la causa.

6. Acéptese, olvide sus errores y siga adelante. ¿Tiene sentimientos de culpa por fracasos del pasado? Tómelo como importantes lecciones y siga su camino.

7. Desarrolle un hobby o pasión. Exprese sus emociones positivas y alegrías.

8. Recupere antiguas amistades o haga nuevos amigos, y tenga un buen sistema social de apoyo (numerosas y buenas relaciones).

9. Asegúrese de llevar una dieta diaria sana y equilibrada, con el aporte correcto de vitaminas y minerales.

10. Saque el mayor partido al presente, sea paciente y flexible, y esté siempre abierto a nuevas posibilidades y a otras personas.

"Si planea ser menos de lo que podría llegar a ser, es muy probable que sea infeliz todos los días de su vida". Abraham Maslow

6.2. DE ANGUSTIA A ARMONÍA PSICOFÍSICA

PENSAMIENTOS

1. Hágalo un modo de vida. Una vez que se aprenda, su mente será un generador positivo de pensamientos, sentimientos felices, acciones eficientes y resultados espectaculares.

2. Use su sentido común y madure sus decisiones. Infórmese, tome su tiempo, decida y actúe.

3. Razone objetivamente. La persona equilibrada ve las cosas de forma objetiva, busca las causas y escoge la mejor solución posible.

SENTIMIENTOS

4. Sea comprensivo. La actitud lo es todo. Sea abierto, flexible, generoso y póngase en la situación de la otra persona. En mi caso, sólo me interesa la vida de los demás para ayudar, no para criticar.

5. Que el autocontrol y la calma sean su forma de ser. La relajación tanto física como mental le ayudará mucho a mantener

la calma.

6. Elimine la ira. Cuando se encuentre así, respire profundo y deje que se calme la mente. Le aseguro que tomará las acciones correctas.

ACCIONES

7. Trabaje su salud, es lo que hace todos los días. Cuide su dieta, haga ejercicios de respiración, tome los descansos necesarios durante el día, en la semana y en el año. No olvide que el contacto con la naturaleza purifica cuerpo y alma. Beba al menos dos litros de agua al día y deje de fumar y los excesos con el alcohol tan pronto como pueda.

8. Tome acción. Los problemas son parte de la vida. Haga sus mejores amigos a las siguientes preguntas: qué, por qué, cuándo y cómo.

9. Todo depende de sus decisiones. Desarrolle la autodisciplina, la responsabilidad, la perseverancia y las acciones inteligentes.

10. Tenga absoluta claridad de sus metas. Haga lluvia de ideas para generar alternativas. Primero, no critique, simplemente piense en opciones; segundo, estudie las opciones más interesantes, planee, actúe, revise el progreso y consiga sus metas.

"Antes de criticar a nadie, debería andar mil pasos en sus zapatos". Proverbio chino

EMOCIONAL

6.3. DEL DESCONOCIMIENTO A LA INTELIGENCIA EMOCIONAL

La inteligencia emocional es la habilidad de reconocer sus propias emociones, entender su significado y entender cómo sus emociones afectan a las personas de nuestro alrededor. También la percepción de las emociones de los demás.

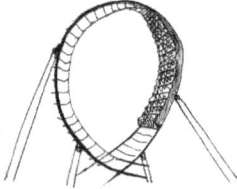

Así podrá mejorar sus relaciones con los demás.

La gente con alta inteligencia emocional tiene éxito en casi todo lo que hacen. ¿Por qué? Porque son los que la mayoría de la gente quiere en sus equipos. Cuando necesitan ayuda, la obtienen. Porque hacen sentir bien a los demás, van por la vida con tranquilidad, sin enfadarse. Éstas son las habilidades:

1. Autoconocimiento. Entienda sus emociones y no deje que le dominen. Haga una buena y honesta reflexión y análisis.

2. Autorregulación. Características son ser considerado con otros, no tener miedo al cambio, integridad y habilidad para decir no.

3. Motivación. Aprenda a posponer una satisfacción inmediata por un éxito a largo plazo. Acostúmbrese a los retos y a la eficiencia.

4. Empatía. Es la habilidad de identificarse con y entender los deseos, necesidades y puntos de vista de los demás.

5. Habilidades sociales. Es fácil entender que la gente con estas habilidades caiga bien. Pueden manejar discusiones, son excelentes comunicadores y crean relaciones fácilmente.

6. Haga autoevaluación. ¿Cuáles son sus debilidades? ¿Aceptaría que no es perfecto y que puede mejorar?

7. Examine y mejore cómo reacciona a situaciones de estrés.

8. Sea responsable de sus acciones.

9. Examine cómo afectan sus acciones a otros.

10. Observe cómo reacciona usted a otras personas. Intente ponerse en su lugar, y se más abierto y comprensivo.

"El ejercicio físico compulsivo no hace daño al cuerpo; pero el conocimiento que se adquiere por obligación no deja huella en la mente". Platón

6.4. FALTA DE CONTROL A ESTABILIDAD DE CARÁCTER

Para la mayoría de nosotros, las emociones parecen tener vida propia, influyendo en nuestra forma de pensar y actuar, y como consecuencia, cómo dirigimos nuestra vida. Usted puede aumentar exponencialmente el control de su vida, desarrollando estabilidad emocional. Además, las emociones negativas nos hacen perder nuestro equilibrio, muchas veces, con consecuencias negativas en diferentes áreas de la vida.

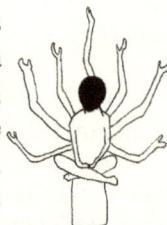

1. Fisiología del cerebro. Aprenda sobre su funcionamiento, es fascinante y le ayudará al control emocional. La clave es darse cuenta que las emociones son una función automática del cerebro.

2. Una dieta inapropiada y el desequilibrio hormonal puede afectar sus emociones de forma negativa.

3. Pensamientos automáticos. En la mayoría de los casos, los pensamientos negativos generan emociones y sentimientos negativos. Estos pensamientos automáticos normalmente pasan desapercibidos.

4. Identificación. El control emocional es esencialmente una cuestión de distanciarnos de nuestras emociones negativas.

5. Técnica de Congelación de Pensamientos. Cada vez que tenga un pensamiento negativo, dígase a sí mismo rotundamente: ¡STOP!; congelando el pensamiento negativo y reemplácelo por uno positivo relacionado con sus sueños.

6. Identifique las áreas problemáticas (exceso de comida, ira, problemas de comunicación).

7. ¿Qué pensamientos y emociones positivas puede experimentar?

8. Haga afirmaciones: "¡Estoy relajado, siempre en control!".

9. Véase controlando las situaciones perfectamente.

10. La disciplina y la perseverancia le ayudará a ser una persona más relajada y comprensiva. ¡Alguien digno de admiración!

"Si no te has perdonado a ti mismo, ¿cómo vas a perdonar a los demás?". Dolores Huerta, activista

FÍSICA

6.5. DE HÁBITOS NO SALUDABLES A UN CUERPO SANO Y ESPECTACULAR

1. ¡Cuídelo! ¿Cada cuánto le dices a tu pareja que le quieres o la amas? Debemos cuidar de forma regular todo aquello que amamos. Lo mismo es con nuestro cuerpo. A veces puede que nos saltemos la dieta y el ejercicio. No se preocupe, retome sus buenos hábitos y siga adelante.

2. Atención diaria. Una relación necesita atención constante. El cuerpo necesita suficientes horas de sueño, buena alimentacón y mucha agua.

3. Sueñe y deje que el entusiasmo se apodere de usted. Mantenga la imagen de su cuerpo ideal en su mente y siga su plan.

4. Motívese con su nueva imagen. Atraerá al sexo opuesto más fácilmente, se sentirá estupendo y dará ejemplo de autocontrol.

5. Sea flexible pero haga que la determinación de propósito sea su mejor amigo. Será duro al principio, pero conseguirá sus metas.

6. La vitalidad será su nueva carta de presentación y la alegría su forma de ser. ¿Qué más se puede pedir?

7. Escuche a su cuerpo. Para conocer a los que ama, debe escuchar. Con el cuerpo es lo mismo. Sólo podrá entender si lo escucha bien. Alguien que conozco dice: "Si ignoras tu salud, te dejará".

8. Tratos especiales. A veces les damos algún trato especial a aquellos que amamos. Su cuerpo también lo necesita. Dése un masaje, un facial o cómprese ropa nueva de vez en cuando.

9. ¡Diviértase! Cuidar su cuerpo no tiene por qué ser una tortura. Modifique poco a poco su actitud y acciones. Encuentre actividades que le gustan, encuentre gente para compartir.

10. Haga un plan para reducir un 10% de grasa corporal con la actitud correcta, buena alimentación y suficiente agua y descanso.

"La alegría y el optimismo es la mejor medicina y son famosos por preservar la juventud". Charles Dickens

6.6. DE POCA SALUD A UNA LARGA VIDA

PENSAMIENTOS

1. Mantenga una actitud positiva y haga las cosas que le proporcionan felicidad. Ésa es la mejor forma de tener una larga vida.

2. Deje a su cuerpo que le diga lo que necesita. Está bien claro. Si usted no se siente con energía y lleno de vida, algo no funciona bien. Analice su dieta, niveles de estrés, ejercicio y sus pensamientos.

3. Siempre tenga pasión por algo, su salud, su riqueza, su familia y amigos o su felicidad.

SENTIMIENTOS

4. Mantenga contacto con su familia, amigos y comunidad.

5. Recuerde tener las siguientes herramientas en su maleta: humor, amor, empatía, sabiduría, motivación, autocontrol y fuerza.

6. Sea siempre un optimista. Sea amigo del amor, del afecto, de la alegría y la risa, y de los abrazos. Son el mejor antídoto para los problemas físicos y los pensamientos negativos.

ACCIONES

7. Tenga una dieta equilibrada, incluyendo al menos 5 piezas de fruta

y verduras al día, mucha fibra, alimentos ricos en calcio (lácteos, brócoli, tofu, sardinas, salmón). Evite la cafeína y el azúcar.

8. Haga ejercicio diario de unos 30 minutos, actividades como andar rápido, bailar, yoga, jardinería, golf, pasear. Así mantendrá el cuerpo oxigenado y la mente activa. Y no olvide dormir sus horas.

9. Haga sus chequeos preventivos. Manténgase sano: Siempre lleve el cinturón de seguridad o el casco en la moto. Use detectores de humo en su hogar. Mantenga su casa bien iluminada y con pasillos libres de obstáculos para no tropezar. Use los medicamentos con moderación, pregunte a su doctor o farmacéutico por efectos secundarios.

10. Lleve seguimiento escrito de sus finanzas, ingresos y gastos. Planée a medio (5 años) y largo plazo (10 años).

"Planee sus necesidades económicas a largo plazo. El amor es el mejor antídoto contra el envejecimiento". Louisa May Alcote, novelista americana

SOCIAL
6.7. DE LA DESINTEGRACIÓN A LA FELICIDAD EN FAMILIA

¿Quién no hay presenciado algún conflicto familiar alguna vez? Donde conviven dos o más personas se pueden dar conflictos alguna vez y puede ser todo un reto solucionarlo. A veces puede requerir mucho tiempo y determinación, pero le aseguro que la recompensa merecerá la pena. Veamos algunos principios fundamentales:

1. Analice en detalle la naturaleza del conflicto. La mejor forma de solucionar algo es entendiéndolo claramente desde el principio.

2. Utilice la técnica de "escucha de espejo". En ella, el receptor del mensaje hace un resumen de lo que ha entendido y el emisor confirma o aclara lo que quiere transmitir.

3. Tenga un plan de acción, donde tanto los límites como las expectativas de ambos estén bien claras.

4. Siga adelante, olvide sus heridas emocionales y malentendidos. El perdón disipará cualquier resentimiento que quede.

5. Acepte cierto de grado de compromiso entre sus necesidades y las de la otra persona. Las relaciones se construyen de dos realidades diferentes, lleguen a un acuerdo y la paz reinará.

6. Comuníquese. Ambas partes deben expresar sus puntos de vista y sentimientos para aclarar la situación.

7. Haga acuerdos en ciertas áreas. Creará sentido de compromiso y reducirá posibles sentimientos negativos del pasado.

8. Encuentre soluciones tipo Ganar-Ganar. Ambas partes se sienten satisfechas de las decisiones tomadas.

9. Haga uso de un mediador. Puede ayudar mucho en conflictos.

10. Respete las diferencias. Su personalidad y carácter son tan únicos como los de la otra persona.

"Estás buscando cosas que no existen; quiero decir, los comienzos. Finales y comienzos, no existen como tal. Sólo existen los puntos intermedios". Robert Frost

6.8. SRESOLVIENDO PROBLEMAS DE PAREJA

PENSAMIENTOS

1. Pregúntese:¿Realmente esta persona quiere dedicar tiempo y esfuerzo a la relación? Hay personas que dedican más tiempo a la compra de un coche que a la búsqueda de la pareja idónea.

2. Céntrese en lo que le gustaría de su pareja y lo que hacen bien, no lo que hacen mal.

3. La persona le ama. Asegúrese de que no está obligando a la otra persona a que le ame.

SENTIMIENTOS

4. Sea honesto consigo mismo y pregúntese:"¿Puedo amar a esta persona exactamente de la forma que es, sin que tenga que cambiar?".

Si la respuesta es negativa, puede que no sea su pareja ideal.

5. Hágase responsable de expresar y entender los sentimientos y necesidades de ambos. Creará una gran conexión emocional.

6. Deje siempre hueco para el romance durante toda la relación, no sólo al principio. ¡Prepare noches especiales!

ACCIONES

7. Tómese el tiempo para afianzar su conexión emocional y desarrollar una vida sexual apasionada.

8. Sea empático con su pareja. Olvídese por un momento de querer tener razón y póngase en la situación de la otra persona. Sin embargo, entender y comprender a la otra persona no quiere decir estar de acuerdo en todo. Es más importante hacer a la otra persona sentirse comprendido que tener razón.

9. Muestre vulnerabilidad. Las parejas necesitan exponer su auténtico yo. Esto implica que a veces debamos mostrarnos vulnerables aunque requiera mucha valentía emocional.

10. Sea usted mismo. A veces las personas se sienten cohibidas de mostrar quienes son en realidad, por miedo a no ser aceptadas.

"Las mejoras y más bellas cosas en el mundo no se pueden ver o tocar; se han de sentir". Helen Keller

PROFESIONAL

6.9. DE UNA VIDA DESEQUILIBRADA A LA ARMONIA TRABAJO-FAMILIA

Lo más importante para el equilibrio en pareja es preparación, intencionalidad y toma de decisiones conjunta. Muchas parejas se encuentran inmersas en un conflicto de fuerzas antagónicas que les desvía de su prioridad principal, la familia. Para mantener un buen equilibrio entre trabajo y familia es necesario un plan claro y el compromiso de seguirlo. Según los estudios, las parejas con

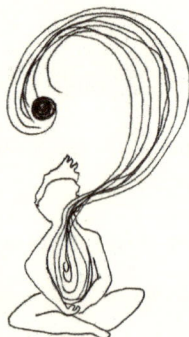

éxito tienen las siguientes características:

1. Comparten las tareas de la casa (negociar división de trabajo).

2. Participación conjunta en el cuidado de los niños (evitando monopolizar o controlar en exceso).

3. Toma de decisiones conjunta (expresión libre de necesidades y negociación). Reevalúan el significado de éxito como pareja, no sólo profesional sino también familiar y emocional.

4. Comparten responsabilidades financieras y tienen un compromiso. Se sienten orgullosos de aportar ambos con recursos económicos. Reducen gastos innecesarios.

5. Valoran las metas de la otra persona en diferentes áreas.

6. Comparten necesidades emocionales (prioridad de la relación de pareja, tiempo a solas y tiempo con familiares y amigos).

7. Valoran la familia como el bien más alto.

8. Se sienten realizados en el trabajo o aprenden a ver su trabajo como un medio para poder tener una bonita vida familiar.

9. Se organizan en el trabajo para poder dedicar tiempo a la familia

(negociar horas de trabajo con su jefe).

10. Hacen una lista de actividades esenciales para la familia. Aprenden a marcar prioridades y limitaciones para otras actividades.

"El cielo nunca ayuda al que no actúa". Sóflocles

6.10. DE LA DESORIENTACIÓN A LA AMBICIÓN SANA

Una definición de ambición es el ardiente deseo de rango, fama o poder. También el deseo de conseguir alguna meta. La ambición le hace despertar antes de que suene el despertador. Le motiva a seguir adelante cuando las cosas se ponen difíciles. Pero, ¿siempre es buena? Es como preguntar, ¿es un cuchillo bueno o malo? Todo depende cómo se utilice. Veamos la ambición sana:

1. Tener una maravillosa visión del futuro, de algo que le gustaría crear, algo que le gustaría aportar al mundo o a su experiencia vital.

2. Aceptar y disfrutar de cada paso necesario para llegar a la cima.

3. Sentirse tan bien en el viaje a su destino como se había imaginado y tener la certeza de que se llegará a buen puerto.

4. Buscar el tiempo para satisfacer las necesidades básicas propias y de aquellos por los que se es responsable.

5. Asegurarse de tener una ambición sana y no desmedida. Recordar que podemos ser felices con muy poco en el presente, AHORA.

6. Sacar el máximo a cada momento. Recuerde que lo tiene todo para ser feliz ahora, respire profundo y disfrute de todo.

7. Disfrutar del viaje. Esté presente en cada paso que le lleva a su meta. Juegue con los niños. Cuide de su salud. Conecte emocionalmente y a menudo con las personas que quiere.

8. No viva ni en el pasado ni en el futuro. No hay tiempo para dar marcha atrás. Viva, disfrute y ame AHORA.

9. Del 1 al 10, ¿está disfrutando del viaje mientras se acerca a sus objetivos? Si la respuesta es negativa, empiece a hacer cambios.

10. Sea consciente que la ambición desmedida afectará negativamente a otras áreas de la vida (salud, familia, pareja).

"Debes aprender a estar tranquilo en medio de la actividad y a estar plenamente vivo en el reposo". Indira Gandhi, político indio

7. POSESIONES DIOS PLUTON

¿Desea tenerlo todo?

¡Comience por el final, divida y consígalo todo!

Dios de las riquezas y buena forturna

1. ¿Cómo puede tener más conocimientos y ser más positivo? De la falta de conciencia y la pobreza emocional al conocimiento práctico y una rica vida emocional

2. ¿Cómo puede llegar a ser la mejor versión de sí mismo?

De resultados pobres y mediocridad a la sabiduría basada en la experiencia y al desarrollo del potencial

3. ¿Quiere tener una familia maravillosa y diversión?

De crisis familiares y adicciones a la construcción de lazos familiares de amor y un ocio saludable

4. ¿Quiere tener éxito y ser un excelente profesional?

Del fracaso y el bajo rendimiento al éxito y la excelencia

5. ¿Cómo encontrar riqueza y significado en su vida?

De la escasez y el vacío existencial a gran riqueza y sentido en la

7.1. DE LA IGNORANCIA A UNA MENTE PODEROSA

Me licencié en psicología y leí muchos libros sobre el extraordinario poder de la mente humana. La ciencia asevera que conocemos muy poco sobre la mente. Le puedo prometer una cosa: La herramienta más poderosa del mundo se encuentra sobre sus hombros.

Aprenda a usarla bien y podrá tener una vida maravillosa.

1. Dése cuenta que usted es una obra de arte. Siempre me fascinó todo sobre el potencial humano. Las personas son principalmente lo que piensan de sí mismos, de otros y de la vida.

2. Usted es los pensamientos que tiene en su mente la mayor parte del tiempo. ¿Quiere usted logros? Mejore su motivación, tenga apoyo social para los malos momentos, imagínese su éxito. Su lema será:"Sí, yo puedo". No olvide recompensarse física y mentalmente a menudo, y comparta sus enseñanzas y sabiduría.

3. ¡Programe su mente para dar lo mejor de sí mismo! Haga actividades que le gusten, planee y sea entusiasta. Mantenga su equilibrio personal entre el trabajo y la vida familiar, viva el presente con mucho amor y comparta la felicidad en todas partes.

4. Usted es el creador de su vida. Concéntrese en los buenos recuerdos, disfrute del presente y espere lo mejor para el futuro.

5. Siéntase parte del Universo. Hay una energía universal que está en todas partes. Las estrellas y los seres humanos tienen muchos elementos químicos en común. Somos polvo de estrellas.

6. Todo es cuestión de actitud. Céntrese siempre en lo positivo y lo encontrará. Sea la luz cuando haya oscuridad.

7. Desarrolle una personalidad fuerte. Marque muy bien la diferencia entre los eventos y su reacción a dichos eventos.

8. Use el potencial de su mente, es casi infinito.

9. Aprenda de las situaciones traumáticas. Como dicen:"Si la vida te da limones, haz limonada". ¡Aprenda y siga adelante!

10. Sea la persona y tenga la vida que quiera. Véalo en su mente, planee y tome las acciones necesarias. Su afirmación:"De ahora en adelante tendré pensamientos, sentimientos y acciones positivas". **"La mayoría de las personas son tan felices como deciden serlo". Abraham Lincoln**

7.2. DE LA POBREZA A LA RIQUEZA EMOCIONAL

Las emociones positivas contrarrestan el

impacto de las negativas y reducen el estrés físico y psicológico de las experiencias negativas. Las emociones negativas nos dicen que estamos en una situación con posibles consecuencias negativas y que debemos tomar cartas en el asunto. Las emociones positivas nos estimulan a ser más expansivos, tolerantes y creativos, maximizando así los beneficios sociales, intelectuales y físicos de la situación.

Aquí presento las diez mejores formas de generar emociones positivas:

1. Incremente su felicidad sobre el pasado dando gracias a Dios/Universo por todo lo bueno.

2. Practique el perdón. Sentirá menos momentos de ira y estrés, más optimismo y una mejor salud, como consecuencia.

3. Aumente su felicidad sobre el futuro, centrándose en la esperanza y aprendiendo a ser más optimista.

4. Intensifique su felicidad sobre el presente, centrándose en disfrutar de los sanos placeres del momento.

5. Experimente gratificación más a menudo. Haga más

actividades que ejerciten sus fortalezas naturales (leer, cantar, bailar, pintar, etc…).

6. Aprecie las cosas. La ciencia confirma la sabiduría de eso consejo.

7. Incremente sus emociones positivas, identificando y nutriendo sus fortalezas. Destruya los pensamientos negativos centrándose en sus talentos y fortalezas naturales, y úselo todos los días.

8. La ciencia psicológica ha demostrado que centrarse en las

fortalezas es más eficiente que intentar reducir las debilidades.

9. Desarrolle las "Cinco Fortalezas Emocionales": gratitud, optimismo, entusiasmo, curiosidad, y amar y ser amado.

10. Encuentre un coach, mentor, consultor de desarrollo personal o un buen programa de autoayuda e invierta en ello.
"Una mujer no debe depender de la protección de un hombre, sino que debe aprender a protegerse a sí misma".
Susan B. Anthony, activista para las mujeres

7.3. DE RESULTADOS POBRES A EXTRAORDINARIOS

En 1923, ocho de los financieros más acaudalados del mundo se encontraron en el hotel Edgewater Beach. Estos hombres controlaban por aquel entonces más dinero que el gobierno de Estados Unidos. Veinticinco años más tarde algunos   se suicidaron,   estaban

arruinados   o   en   prisión. Aparentemente sabían cómo hacer dinero, pero muy poco sobre la vida feliz. Veamos algunas reglas probadas para producir resultados satisfactorios:

1. El dinero es importante y

afectará muchas de las decisiones que tome. Comience a pensar más y más sobre la prosperidad. Convenza a su subconsciente que usted ya tiene riqueza. Mantenga esas imágenes tan vivas como pueda en su mente y disfrute de las emociones positivas generadas por sus sueños.

2. Especifique cuánto dinero quiere y haga un plan para lograrlo.

3. Imagine qué tipo de persona debería ser para generar esa cantidad de dinero. Tome acciones para desarrollar esos rasgos de personalidad.

4. Tenga la expectativa de la abundancia. Programe su "ordenador mental" con buenos resultados y eso es lo que obtendrá.

5. Disfrute del presente. Es la mejor formar de atraer resultados positivos en su vida.

6. Conviértase en un imán. Todo lo que usted busca le está buscando también. Atraerá todo en lo que centre su mente.

7. Sueñe, haga y deje el resto a Dios. Es la ley universal. Mantenga la imagen en su mente hasta que vea el resultado llegar a su vida.

8. Use la ley de la vibración. Según estudios científicos todo está conectado en el universo. Se atrae creando la expectativa emocional positiva de los sueños y deseos.

9. Tome riesgos. Por favor, le ruego que se olvide de todo lo que puede salir mal. Céntrese en lo que quiere hacer y hágalo.

10. Pague el precio de sus sueños en la forma de disciplina.

"Trabaje con alegría y en paz, sabiendo que los pensamientos y acciones correctas producirán los resultados deseados". James Allen

7.4. DE LA MEDIOCRIDAD AL MÁXIMO POTENCIAL

Muchas personas están relativamente satisfechas con sus vidas y más o menos consiguen lo que se proponen. Sin embargo, hay pocos que se tomen la molestia de hacer el esfuerzo extra para ser mejor cada día. Puede que seamos buenos en lo que hacemos, pero ¿por qué no intentar ser lo mejor que podamos llegar a ser en nuestro campo?

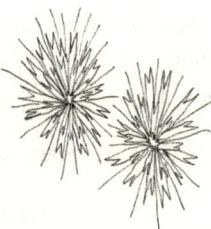

PENSAMIENTOS

1. Recuerde su juventud. Cuando somos niños estamos llenos de excelentes ideas. Nunca para de fluir porque tenemos una mente abierta y creemos que podemos lograr todo lo que nos proponemos.

2. No hay formas más o menos correctas de pensar, simplemente centre sus pensamientos en sus habilidades y talentos. Haga buen uso de ellos y trate de ser excelente en las diferentes áreas de la vida.

3. Para tener éxito a veces cometerá errores, nadie es perfecto. El valor de los errores es la lección que se aprende.

SENTIMIENTOS

4. Tenga paciencia. Las cosas no pasan de un día para otro. La paciencia con trabajo le dará los resultados deseados.

5. Determinación. Sea perseverante y nunca renuncie a sus sueños cuando las cosas se ponen difíciles.

6. Compromiso. Desarrolle su propio compromiso con sus objetivos y no deje que nada ni nadie se interponga en el camino.

ACCIONES

7. Trabajo duro. Haga el máximo que pueda con lo que tenga en el momento, siempre con la mira puesta en sus sueños.

8. Habilidades organizacionales. Cuanto más organizado sea, más sencillo será el camino al éxito. Planifique al detalle y ejecute el plan.

9. Aprenda de los errores. Es probable que en el camino de la vida cometa varios errores. Aprenda la lección y siga el camino.

10. Confianza en uno mismo. Crea en sí mismo y en sus ideas. Mantenga sus metas en mente, sabiendo que con perseverancia lo conseguirá. Eso fortalecerá su autoconfianza.

"Somos como lápices en las manos de Dios, escribiendo cartas de amor al mundo". Madre Teresa

7.5. DE LOS LÍMITES A LA ABUNDANCIA

Esta es la historia de un sacerdote y un granjero. Hace muchos años un sacerdote conducía por una carretera perdida entre los campos y de repente vio una granja preciosa. Había un granjero trabajando. Cuando el granjero se aproximó, el sacerdote sonrió y le saludo diciendo:"¡Querido hermano, Dios realmente te bendijo con una preciosa granja!".
El granjero se paró, se quitó el sudor de la frente y con voz tenue del dijo:"Sí, Reverendo, tiene razón. ¡Dios me ha bendecido con una maravillosa granja, pero me gustaría que la hubiera visto cuando sólo le pertenecía a él!".

Así que, sea consciente que usted puede ser el escritor, productor y director de la película constante que se está rodando en su mente. Todo es precedido por una imagen. Primero pensamos, nos hacemos una idea o imagen y entonces actuamos. Por lo tanto, me gustaría animarle a querer tenerlo todo: Una poderosa mente, una rica vida emocional, la habilidad de producir los resultados que desee, el orgullo de una personalidad extraordinaria, la mejor versión de sí mismo en sus relaciones personales, el éxito que merece, la excelencia en su profesión, la capacidad de tener múltiples fuentes de ingreso, una vida con propósito y el potencial de una vida más feliz, con más salud y con más riqueza.

La forma de hacerlo es convertirse en la persona que desea ser. Desarrolle la habilidad de amar, de compartir, de perdonar y de ayudar a otros a hacer lo mismo. Encuentre siempre la forma de desarrollar su mente, sus sentimientos y su cuerpo. Dedique tiempo a sus seres queridos, sus amigos y su comunidad. Si lo considera correcto, desarrolle también su dimensión espiritual e intente dejar a cualquier persona que encuentre mejor de lo que la encontró, así cuando deje este mundo habrá contribuido a mejorarlo un poquito.

"Si lo intentó. Si falló. No importa. Inténtelo de nuevo. Falle de nuevo. Falle mejor". Samuel Beckett

7.6. DE LA ADICCIÓN AL TIEMPO LIBRO SALUDABLE

Tomarnos un tiempo para el tiempo libre nos ayuda a tener un mejor rendimiento tanto físico como mental en otras áreas (trabajo, familia). De hecho, según estudios científicos, cuanto más tiempo pasemos haciendo actividades lúdicas que nos gusten, mejor será nuestra salud.

Como dijo la doctora Karen Matthews: "Las personas que realizan actividades lúdicas agradables se sienten mejor física y mentalmente". Es profesora de psiquiatría, epidemiología y psicología en al facultad de medicina de la universidad de Pittsburg en Estados Unidos.

PENSAMIENTOS

1. Tenga en cuenta los efectos positivos del deporte.

2. Conozca el mundo del arte (música, danza, teatro, ópera, ballet, pintura, escultura, cine y todas las formas de expresión cultural).

3. Desarrolle el hábito de disfrutar de un estilo de vida con actividades de ocio que promuevan su salud, la de su familia y la de su comunidad.

SENTIMIENTOS

4. Desarrolle un sano entusiasmo por la salud y enseñe a sus hijos con

el ejemplo. Las actividades deportivas les permitirán hacer amigos, ser buenos estudiantes, estar más activos y mejorar su autoestima.

5. Las actividades de ocio restauran la armonía mente-cuerpo.

6. Las actividades sociales crean momentos especiales con nuestros seres queridos.

ACCIONES

7. Cuanta más gente tenga actividades de ocio, menos gente caerá en

depresión.

8. Identifique las formas de informarse sobre infinidad de actividades

(periódicos, Internet, paneles, libro de teléfonos, familia y amigos).

9. Pruebe siempre alguna actividad nueva.

10. Organice eventos regulares donde se junten varias personas.

"El futuro es de los que creen en la belleza de sus sueños".
Eleanor Roosevelt, activista

7.7. DEL FRACASO AL ÉXITO

Siempre me fascinó todo sobre el éxito en la vida, desde que era muy joven. No fue hasta el año 2011 en el que Bob Proctor me certificó como consultor de éxito que me di cuenta de lo importante que es el éxito en la vida de la mayoría de las personas.

Comencemos con la mente. El punto de partida para cualquier logro es un fuerte deseo, no una esperanza vaga, que transcienda todo lo demás. Debe ser definitivo. Segundo, haga uso del poder de autosugestión. Repita sus afirmaciones todos los días poniendo mucha emoción, tome acciones necesarias y deje el resto a Dios; empezará a ver resultados con la debida paciencia. Tercero, use su imaginación. Las grandes mentes han mencionado que lo que su mente pueda concebir, también podrá conseguir.

En el mundo de las emociones, nos podemos centrar en tres conceptos muy importantes. Primero, crea en sí mismo, en su poder ilimitado. Si no lo hace, nadie más lo hará. Segundo, despréndase del miedo. Protéjase de las influencias negativas, ya sean las suyas propias o de la negatividad de la gente a su alrededor. Tercero, desarrolle su fuerza de voluntad. Haga uso constante de ella hasta que sea como un muro de inmunidad ante el mundo.

¡Acción, acción y acción! Éste es el aspecto crucial que separa a los que consiguen de los que casi lo consiguen. Primero, la persistencia le llevará a donde usted quiera. Segundo, aprenda a desarrollar el poder de decisión. Tercero, cuanto más especializados sean sus conocimientos, mayor será la demanda por sus servicios.

Finalmente, haga su propio Grupo de Mente Maestra. Es un grupo de personas que se apoyan mutuamente para fomentar el éxito del resto de miembros.

"La acción puede que no siempre produzca felicidad; sin embargo, no puede haber felicidad sin acción".
Benjamín Disraeli

7.8. DEL BAJO RENDIMIENTO A LA EXCELENCIA

Hoy en día las empresas dan mucha importancia a la responsabilidad personal y a la iniciativa. El control de sí mismo y el trabajo en equipo son dos cualidades muy valoradas tanto para el éxito personal como en la empresa.

Veamos los principales componentes de la eficiencia personal en el trabajo:

1. Aprenda a reconocer sus fortalezas y su potencial. Evalúe sus aptitudes, estilo de trabajo y áreas de crecimiento potencial. Siempre puede hacer un inventario de sí mismo y empezar desde ahí.

2. Construya su reputación personal. Esté relajado, lento pero seguro y ayude a los demás a ser mejores personas y profesionales.

3. Potencie sus herramientas mentales. Detecte y elimine las creencias negativas y entienda los procesos en las relaciones humanas.

4. Sea excelente en su profesión. Una de las características más buscadas es producir resultados en circunstancias adversas.

5. Identifique a las personas influyentes en su entorno, sea capaz de trabajar con compañeros difíciles y sea asertivo.

6. Maneje situaciones estresantes de forma eficiente. Mantenga una mente calmada, un cuerpo relajado y controle sus emociones.

7. Amplíe su efectividad e influencia con networking social.

8. Desarrolle su habilidad para hablar en público, no sólo la teoría sino también la práctica. Le hará sobresalir sobre los demás.

9. Diseñe su propia estrategia de éxito. Identifique sus metas a corto y largo plazo. Consiga su equilibrio personal en la Rueda de la Vida.

10. Tenga su entorno bajo control, organice la oficina, planifique y sea flexible, y gestione eficientemente el bombardeo de información.

"El amor casi siempre acaba en curación, mientras que el miedo y el aislamiento producen enfermedad. Y nuestro mayor miedo es el abandono". Candace Pert, neurocirujano

7.9. DE LA POBREZA A INCREÍBLE RIQUEZA
Múltiples Fuentes de Ingreso (MFI)

Bob Proctor es uno de los oradores motivaciones sobre éxito personal y de empresa más famosos del mundo y uno de los autores de la mundialmente famosa película, El Secreto. Al Sr. Proctor se le considera uno de los maestros y profesores de la Ley de Atracción. Durante más de 50 años ha centrado su trabajo en el increíble poder de la mente para conseguir prosperidad, relaciones personales satisfactorias y conciencia espiritual. Ha sido autor del bestseller internacional "Nacido Para Ser Rico" y ha transformado la vida de millones de personas en el mundo con sus libros, charlas, cursos y coaching personal. Él me enseño esta técnica para solucionar cualquier problema financiero, MFI.

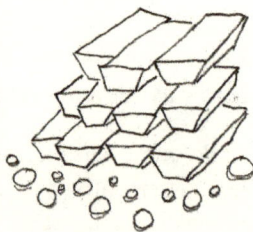

¿Qué es? Es una técnica que le permitirá multiplicar sus ingresos presentes, ofreciendo servicio a potenciales clientes más allá de lo que hace en su trabajo presente.

Servicio Adicional = Ingreso Adicional.

Ganará muchas veces lo que está ganando ahora. Está basado en la ley de la compensación: Cuanto más servicio ofrezca, mayores ingresos generará.

¿Qué puede hacer? Además de las siguientes ideas puede añadir más a la lista de forma constante.

1. Escriba un libro, canción, obra, guión o cualquier otro.

2. Cree su propia página web donde la gente pueda comprar.

3. Únase a una empresa de marketing en la red.

4. Produzca una serie de CDs/Dvds en su tema preferido.

5. Invente algo. Cuanto más útil, mayor el impacto.

6. Invierta en propiedades y vea como crece.

7. Envíe clientes a otras personas y obtenga una comisión.

8. Comience en un programa de ventas por Internet.

9. Desarrolle un negocio de franquicia.

10. Alquile su lista de direcciones de correo electrónico.

¡Comience a ver oportunidades para ofrecer servicio en todas partes!

"Usted puede conseguirlo todo si se lo propone". Bob Proctor

7.10. DEL VACÍO AL PROPÓSITO EN LA VIDA

Querido lector, sinceramente creo que la vida es un regalo. Hay tantas decisiones que tomar y nuestra dirección en la vida como profesión, familia, amigos y ocio puede cambiar de forma súbita que es importante buscar sentido en la vida. Así estaremos más satisfechos y seremos más productivos. Permítame compartir algunos principios que aplico a mi vida:

1. **Busque el sentido a su vida.** Tómese su tiempo para pensar en lo que realmente quiere hacer en esta vida.

2. Un propósito significativo nos genera mucha motivación positiva como la esperanza, la valentía, el amor y el conocimiento. Sin embargo, algunas personas sólo están motivadas peor motivaciones negativas como el enfado, el miedo, la culpa o la avaricia. Decida qué quiere tener. Fuimos creados para contribuir a la sociedad.

3. Sea consciente que vivir con propósito no es tanto hacer un trabajo o un hobby determinado. Es algo más elevado que nos llena la vida de significado, amor, alegría y paz. En mi caso es el tema de la felicidad. Voy pasito a pasito como pequeña hormiguita aprendiendo cada día más y haciendo cada vez más cosas en esta dirección, es mi hobby.

4. Recuerde que cuando dejemos este mundo, no es tanto lo que dejamos físicamente, sino los corazones que tocamos.

5. Descubra su propósito. Deje que fluyan las ideas, intente nuevas actividades, esté abierto a nuevas alternativas y no critique.

6. Planee integrarlo en sus actividades diarias. Haga cambios.

7. **¿Cómo lo sabrá?** ¿Siente usted la alegría de un niño que no puede parar de pensar cómo lo va a hacer? ¡Bien, lo encontró!

8. Analice. No deje que su cultura o contexto social le limite. Siga lo que su corazón le dicte.

9. Transforme el propósito en metas concretas y siga el plan.

10. Esté orgulloso, ¡no mucha gente puede decir que han encontrado una vida significativa!

"Siempre y cuando creas que lo que estás haciendo bien, tiene sentido, podrás superar el miedo y el agotamiento, y dar el siguiente paso". Arlene Blum

8. PROFESIÓN

¿Cómo encontrar una actividad profesional que le mantenga apasionado y le haga rico?

DIOS MERCURIO

El regalo que Dios nos dio es más talento y habilidades de las que podamos imaginar,

Su regalo a Dios es hacer el máximo uso de esos talentos y habilidades para el servicio de los demás

Dios del mercado, la ganancia y el comercio

1. ¿Cuál es su profesión de ensueño?

De la frustración y la rutina a la profesión de ensueño y a la autorrealización

2. ¿Quiere tener un plan de carrera claro?

De la falta de planificación y la sensación de "quemado" a un plan de carrera y desarrollo continuo

3. ¿Quiere dominar el arte de las relaciones humanas y control de estrés?

De fracasos profesionales y estrés a experto en relaciones humanas y bienestar

4. ¿Cuál es su regalo a sus seres queridos y al mundo?

De inexistencia social e inferioridad a influencia social y a su don único para el mundo

5. ¿Cómo encontrar su profesión de ensueño?

De bajos ingresos y actividades sin sentido a altos ingresos y satisfacción personal

8.1. DE FRUSTRACIÓN A PROFESIÓN DE ENSUEÑO

Barbara Brown fue la primera en divulgar los hallazgos científicos sobre planificación profesional al público en general. Según ella, primero, describa en un papel todo lo que sabe hacer. Conocerse a sí mismo es la mejor forma de tomar la decisión correcta. Segundo, use algún tipo de gráfica para organizar la información. Finalmente, ponga todo en orden de importancia. Como dice Richard Nelson en su bestseller internacional "¿De Qué Color es su Paracaídas?", se podría representar todo como una flor. Veamos los diferentes pétalos:

1. Mis intereses favoritos. ¿Qué le fascina? Haga inventario de sus habilidades transferibles (empleables en diferentes posiciones) y únalas con diferentes trabajos. Use las páginas amarillas.

2. Geografía: lugares en orden de prioridad. Puede empezar por organizaciones o empresas locales. Averigüe qué retos tienen y cómo usted podría solucionarlo.

3. Mis entornos favoritos. Una vez que sepa lo quiere, salga y hable con las personas que ya lo están haciendo. Averigüe todo lo que pueda y esté agradecido. Busque a la persona que tenga la potestad para tomar la decisión de su contratación.

4. Mis valores y metas favoritas. ¿Qué es lo que más le gusta hacer? Éstos son las habilidades transferibles que puede utilizar en todas partes. Recuerde, ¡Cuántos más conocimientos especializados tenga, menor es la competencia!

5. Mis condiciones de trabajo favoritas. ¿Con qué tipo de información, personas o cosas le encanta trabajar? También puede preguntarse que odiaba de otros trabajos y buscar lo opuesto.

6. Salario y nivel de responsabilidad. Comience con un mínimo en mente para cubrir sus necesidades básicas. El máximo podría ser astronómico. Sea realista al principio, basándose en su nivel de competencia y experiencia. Piense en su progresión posible.

"Nunca deje para mañana lo que pueda hacer hoy". Benjamín Franklin

8.2. DE LA RUTINA A LA FELICIDAD EN EL TRABAJO

PENSAMIENTOS

1. Escoja ser feliz en el trabajo. Como en la vida,

la felicidad es una opción que usted elije.

2. Comprométase con lo que pueda mantener.

3. Hágase responsable de su propio desarrollo profesional y personal. Usted es el primer interesado en su desarrollo.

SENTIMIENTOS

4. Haga algo que ame todos los días de su vida. Puede que le encante su trabajo o puede que no, pero estoy seguro que puede encontrar aspectos de su trabajo en los que puede centrar su mente y pueda disfrutar.

5. Evite la negatividad. Escoger la felicidad en el trabajo significa evitar conversaciones negativas, críticas y gente negativa.

6. Practique la valentía profesional. Si usted es como la mayoría de las personas, no le gusta el conflicto y lo ve como una situación a evitar a toda costa. Sin embargo, si se hace bien, puede resultar en conseguir los resultados necesarios. Le puede servir para ofrecer un mejor servicio y crear productos de éxito.

ACCIONES

7. Hágase responsable de saber los pormenores de su trabajo. Busque la información que necesita para trabajar de forma eficiente. Desarrolle una red informativa y úselo al máximo.

8. Pida retroalimentación frecuente. Pida a su jefe una valoración sobre su persona. Pídale una honesta valoración de su trabajo.

9. Haga amigos. Lo mejor para tener una experiencia laboral positiva es que le gusten sus compañeros y llevarse bien con ellos. Tómese el tiempo para conocerles y seguro que al final se acaban gustando.

10. Si todo lo demás falla, igual es momento de desarrollar un plan de búsqueda de trabajo o empezar su propia empresa.
"¿Cuándo se ablandará nuestra conciencia lo suficiente para prevenir la miseria humana y no sólo para vengarla?" Eleanor Roosevelt, activista

8.3. DE FALTA DE PLANIFICACIÓN A EXCELENTE BÚSQUEDA DE TRABAJO

No sé cuantos trabajos he hecho en mi vida. Imagine, veinte años en diferentes países. Compartiré algunas sugerencias que aprendí en la travesía:

1. ¿Cómo buscan las empresas? Puede adaptar sus estrategias a las de las empresas. Desde dentro, comenzando desde abajo o a tiempo parcial. Use pruebas, demuestre lo que sabe hacer. Hable con sus amigos, compañeros de estudios o una agencia de empleo de confianza. Repase a menudo las ofertas de trabajo.

2. ¿Qué quiere usted realmente? Es crucial saber los detalles (salario, ubicación, actividad).

3. La mente del empresario. ¿Qué puede usted hacer por nosotros? ¿Qué tipo de persona es usted? ¿Qué le diferencia a usted de otros candidatos y me lo puedo permitir económicamente?

4. Cómo tratar los defectos. Si tiene algún tipo de defecto o alguna mancha en su currículum puede que se le complique el proceso en algunas empresas. Esté seguro que en otras no tendrá problema.

5. Entrevistas: Los miedos del empresario. Una entrevista es como salir en una cita; dos personas intentando averiguar si seguirán juntos. Sea parte de las soluciones y no de los problemas.

6. ¿Ayuda mucho internet? Saque partido a todo lo que sea mundo virtual, pero sólo el contacto real le conseguirá el trabajo.

7. La mejor forma de buscar trabajo. Primero, haga un buen autoanálisis de lo que quiere y de su perfil. Segundo, cree una buena red social, use el directorio telefónico para identificar diferentes puestos y busque un trabajo que haga bien. Tres, busque empresas que le interesen a **USTED**. Finalmente, apóyese en familiares, amigos, centros de empleo.

8. Conecte sus características personales con su trabajo.

9. Use sus contactos, cualquiera que le pueda conectar con trabajo.

10. Currículums: muestre su mejor cara, pero sin mentiras.

"No sé nada excepto el hecho de mi ignorancia". Sócrates

8.4. DE ESTAR QUEMADO AL DESARROLLO CONTINUO

Michael Jeffrey Jordan nació el 17 de febrero de 1963, exjugador profesional de baloncesto, hombre de negocios en activo y el propietario mayoritario de los Charlotte Bobcats.

Ha sido considerado el mejor jugador de todos los tiempos. Pero no siempre fue así. Durante el segundo año de la escuela secundaria intentó jugar con el equipo de la escuela, pero le consideraron demasiado bajo (1,80 metros). Sin embargo, totalmente motivado a probar lo que valía, llegó a ser la estrella de su equipo y ahí comenzó la leyenda. Michael nos puede transmitir varias lecciones:

PENSAMIENTOS

1. Hay oportunidades en todas partes. La persona inteligente sabe reconocerlas y sacar el mayor partido cuando llegan.

2. Una gran fórmula del éxito es paciencia, perseverancia y disciplina.

3. Tenga en cuenta que su nivel de éxito será proporcional al nivel humano de aquellos que le rodean.

SENTIMIENTOS

4. Esté abierto a otras personas. Recuerde que hay más personas buenas y honestas en el mundo que lo contrario.

5. Deje que el amor sea su guía. Muestre confianza en la gente y responderán haciendo más por usted. Su recompensa será más oportunidades, suerte y éxito.

6. La verdadera riqueza afectiva es amar y respetar la vida y todo lo que hay en ella. Es amarse a sí mismo, al mundo y a la humanidad.

ACCIONES

7. Muestre compasión por otras personas. Diga no al odio, resentimiento y envidia. Sólo traerán miseria a su vida.

8. Comparta su riqueza y cree oportunidades para que otros se puedan beneficiar. ¡No dé peces, enseñe a pescar!

9. Hay leyes universales. Integre el área financiera con el área espiritual y toda su vida se beneficiará.

10. Cree su propio negocio. No existe el límite de riqueza. Tenga siempre varios planes en caso de que uno no funcione.

"Está Michael Jordan y luego el resto de nosotros".
Magic Johnson

8.5. DE DIFICULTADES EN NEGOCIACIÓN A EXPERTO

Recuerdo una anécdota cuando tenía veinte años, conversando con un amigo sobre un trabajo que iba a comenzar. Estaba muy contento por el logro, pero cuando le pregunté sobre su salario, me miró medio sorprendido y dijo: "No sé, el

dinero no es importante". Bueno, ¡creo que sí era importante porque le entró la depresión cuando supo cuánto le iban a pagar! Por favor, querido lector, seamos honestos. Puede que no sea lo más importante del mundo, pero es uno de los principales criterios para escoger un

trabajo. El gran problema es que nos resulta muy difícil negociar nuestra valía. Estas sugerencias le harán mucho bien:

1. Nunca negocie el salario hasta el final de la entrevista, cuando ya han mostrado que están interesados en usted.

2. El propósito de la negociación de salario es descubrir lo máximo que el empresario está dispuesto a pagar por su trabajo.

3. Deje que la otra persona mencione el tema de salario.

4. Nunca se desanime. Recuerde siempre las estadísticas. La principal regla en ventas es que si se quiere hacer una venta, hay que contactar con al menos diez clientes potenciales.

5. Separe a las personas de los eventos y cree buenas relaciones.

6. Situaciones Gane-Gane. Piense siempre en ideas nuevas para el beneficio de todas las partes en todas las áreas de la vida.

7. Antes de ir a la entrevista, investigue cuáles son los salarios de su puesto y organización (Internet, contactos). No olvide los beneficios sociales (seguro médico, de vacaciones, de viajes).

8. Defina un rango de salario y el mínimo que aceptaría.

9. Aprenda a cerrar negociaciones. Pida un contrato por escrito.

10. Siempre es una opción inteligente preparar varios planes. Tenga varias alternativas para sus siguientes pasos, plan de acción, empresas potenciales, y empresa y puesto favoritos.
"La verdadera medida de la libertad no es tanto lo que somos libres de hacer, sino lo que escogemos no hacer". Eric Hoffer

8.6. DE EMPLEADO A HOMBRE DE NEGOCIOS

La Sra. Rowling nación en Yate, Gloucestershire, Inglaterra. Ya en la escuela sintió un amor especial por la escritura de historias de ficción. Solía escribir historias y contárselas a su hermana. La Sra. Rowling se mudó muchas veces de pueblo en pueblo. En diciembre de 1990 su madre murió y ella se mudó a Oporto, Portugal, para enseñar inglés a extranjeros. Antes de que muriera su madre ya había empezado a escribir su famosa novela Harry Potter. Se casó en Portugal pero la pareja se separó en 1993. Tuvo una hija y ambas se mudaron a Edimburgo, Escocia. Allí la diagnosticaron depresión clínica e incluso contempló el suicidio. Estuvo en el paro y viviendo del estado. En ese período escribió y completó su primera novela de cafetería en cafetería. Hoy en día, J.K. Rowling ha generado 1.100 millones de dólares y ha vendido más de **400 millones de libros.**

Hay muchas opciones. Se puede quedar donde está ahora o mudarse. Puede seguir haciendo carrera donde está o puede cambiar de carrera. Puede hacer trabajo temporal o seguir su carrera en otro lugar. Volver a la escuela/universidad, o trabajar y estudiar a la vez. Trabajar desde casa.

Le sugiero que tenga siempre un pequeño colchón económico (10 o 15.000 dólares) con el que pueda mantener su calidad de vida al menos un año, en caso de que ocurra cualquier hecho desafortunado. Además, una actitud mental positiva le llevará a donde usted elija.

Se necesita valor para hacer cambios hoy en día en nuestra economía. Por favor, tome nota. Primero, tome riesgos manejables. Segundo, hable con otras personas que ya han hecho lo que usted quiere intentar. Tercero, tenga un plan B antes de comenzar. Si tiene pareja, comente sus planes. Siguiente, es más seguro un movimiento gradual manteniendo un trabajo estable. Finalmente, sólo tiene una vida, así que sólo usted puede decidir lo que considera que es mejor para usted.

¡Le deseo lo mejor de corazón en cualquier cosa que decida hacer!

"Éramos nosotros, la gente; no los hombres blancos; sino toda la gente, los que formaron la Unión".
Susan B. Anthony, feminista

8.7. DE POCA PREPARACIÓN A TÁCTICAS DE GUERRA

Como dice el autor del libro 33 Tácticas de Guerra, Robert Greene: "Ésta es una guía para el juego de interrelaciones sociales diarias, inspirado en los principios de la guerra". Se compone de reflexiones y ejemplos de estrategias ofensivas y defensivas en infinidad de situaciones.

La obra se divide en cinco partes. El siguiente es un resumen muy condensado, con vocabulario adaptado a las situaciones sociales. Espero le sea útil en los diversos retos que la vida presenta:

1. Táctica Individual. El buen estratega debe dar tres pasos. Uno, conozca sus debilidades. Dos, haga de la mejora continua su mejor compañero de viaje. Tres, mantenga una actitud positiva siempre.

2. Táctica Organizacional (Equipo). Todos podemos ser brillantes como individuos; sin embargo, los verdaderos logros los consiguen los equipos. Un sólo líder es mejor que crear confusión de liderazgo. Segundo, comunique a su equipo indicaciones claras de las metas a seguir. Finalmente, mantenga alta la motivación.

3. Táctica Defensiva. Como dicen:"El mejor ataque es una buena defensa". Saque el mayor partido a sus recursos, centrándose sólo en las cuestiones que merezcan su atención. Siguiente, una retirada a tiempo es una victoria. Además, cuando esté bien preparado, tome todas las acciones posibles para conseguir su meta.

4. Táctica Ofensiva. Esté preparado para eventos inesperados. Lo mejor es tomar la iniciativa de crear sus propias circunstancias. Planee, tome acción, supervise el progreso y dése recompensas.

5. Táctica No Convencional (Sucia). Desgraciadamente parece que hoy en día los valores de la moral correcta están desapareciendo. Simplemente téngalo en cuenta, pero le sugiero que sea ejemplo de valores y principios positivos. Le hará más

feliz que la opción contraria.

"El primer paso hacia el éxito y el más importante es la creencia de que podemos conseguirlo". Nelson Boswell

8.8. DE INDIVIDUALIDAD A TRABAJO EN EQUIPO

No importa como se denomine su sistema de mejora de equipos: mejora continua, calidad total o equipos autodirigidos. El objetivo último es mejorar el servicio al cliente. Sin embargo, pocas empresas están satisfechas con los resultados que están consiguiendo. Si sus sistemas de trabajo no producen los resultados óptimos, el siguiente autodiagnóstico le dirá por qué. Centre sus esfuerzos en los siguientes principios y sus resultados mejorarán de forma exponencial:

1. Usted no puede hacerlo todo. Cuanta más interacción haya entre los miembros, mejor será el resultado del trabajo.

2. La meta es más importante que la participación individual y el líder hace la diferencia entre equipos con características similares.

3. Cada miembro del equipo tiene un lugar destacado y la mejor forma de fomentar la excelencia es ofreciendo formación continua.

4. A mayores retos, mayor es la necesidad de trabajo en equipo. Cuanto mejor es el equipo, mayor el impacto en la imagen del líder.

5. Cualquier equipo es tan fuerte como su eslabón más débil. Los líderes se deberían dar cuenta de eso y solucionarlo con prontitud.

6. Los grupos de éxito están hechos de personas eficientes. Es recomendable tener un par de personas que inspiren al resto.

7. Cree un entorno de confianza mutua, gran fuerza colectiva y valores compartidos. La visión deber ser clara de forma continua.

8. La actitud negativa es contagiosa. Sin embargo, nada duele cuando el equipo está ganando. Solucione los problemas y promueva del éxito y altos niveles de motivación tanto individual como grupal

9. Se ha de pagar el precio de dedicación y disciplina. Los líderes deberían dar ejemplo de cualidades positivas a emular.

10. Redefina sus metas según camina, ya que las situaciones cambian.

"El soñador debe darse cuenta perfectamente de la realidad y el nivel de sus sueños debe estar acorde a su desempeño en la realidad ". Proverbio chino

8.9. ¡DE BAJA PAGA A UN MILLÓN DE DÓLARES!

¿Le gustaría ganar un millón de dólares al año?

Esta famosa Rueda de la Fortuna es la acumulación de las diferentes fuentes de ingresos. Decida las que quiere. Incluya unos minutos en su rutina diaria a la misma hora para soñar, para pensar en formas de generar ingresos incluso cuando esté durmiendo. Hay tres formas de ganar dinero:

1. Intercambiar tiempo por dinero. Lo hace el 96% de la población, trabajar. 2. Invertir dinero, 3% de la población. 3. Fuentes múltiples de ingresos. 1% de la población.

Todos deberíamos poder tener los medios económicos necesarios para financiar una vida feliz y abundante en compañía de nuestros familiares y amigos. El único límite a su capacidad es el límite que usted mismo se impone.

Piense y hágase rico, usted tiene una mina de oro sobre sus hombros. Imagine y tome acción hasta conseguirlo. ¡No lo lamentará! ¿Quiere usted ganar un millón de dólares al año? Puede ser mucho para unos y puede ser poco para otros. Es todo un concepto mental. Veamos varias estrategias:

Divida y vencerá. Por cierto, esto no quiere decir que tenga que trabajar de forma activa todos los días, sino que genere esos ingresos. Son conceptos muy diferentes:

1. Si trabaja 250 días x 4.000 $ al día = 1.000.000 $ al año

2. Si trabaja 200 días x 5.000 $ al día = 1.000.000 $ al año

3. Si trabaja 100 días x 10.000 $ al día = 1.000.000 $ al año

4. Si trabaja 365 días x 2.739 $ al día = 1.000.000 $ al año
"Porque yo sé muy bien los planes que tengo para vosotros, afirma el Señor, planes de prosperidad no de calamidad, planes de esperanza y de futuro". Jeremías 29:11

8.10. DE EMPLEADO A MILLONARIO

¡Hay muchos empleados que se hacen millonarios! Hay miles de personas normales que trabajan junto a usted que tienen un millón de dólares en el banco y en inversiones. Nunca se lo dirán. Es su alegría más preciada, su seguridad y su secreto. Usted puede hacer lo mismo si sigue las reglas que ellos siguieron. Son simples, claras y están a disposición de cualquiera:

1. Esté alerta para trabajar de forma más eficiente. Sistematice un proceso, ahorre costos, cree nuevas fuentes de ingresos, hágase experto en su tema preferido, sea voluntario en un comité de empresa, cualquier cosa que le haga sobresalir y conseguir la promoción.

2. No tenga miedo de negociar. En un estudio de graduados en másters de la universidad de Carnegie Mellon (Estados Unidos), la profesora de economía Linda Babcodk encontró que aquellos que habían negociado su primer salario, incrementaron su paga un 7,4%.

3. Cuantifique cuánto aportan sus esfuerzos a los beneficios de la empresa. Si no puede, cuantifique su valor con salarios de posiciones similares en la página web, www.salary.com.

4. Prepare su estrategia cuando sea el momento del cambio. Diseñe su propia página web en MySpace.

5. Saque el mayor partido a sus ingresos. Contribuya tanto como pueda a su plan de pensiones o a otros planes que deduzcan impuestos.

6. Aprenda a pagar impuestos de forma inteligente.

7. Invierta como loco. No espere demasiado. Cuanto antes empiece a ahorrar para invertir, antes conseguirá su libertad financiera.

8. Invierta de forma automática, a través del plan de pensiones

de su empresa o con un depósito regular a algún otro fondo.

9. Tenga en cuenta todo tipo de comisiones en sus inversiones. Cuanto más pague, menos le quedará en su bolsillo.

10. Planes simples. No crea en planes para hacerse rico rápidamente.

"Creamos nuestras vidas y nos creamos a nosotros mismos continuamente. El proceso no termina hasta que morimos".
Eleanor Roosevelt

9. FINANZAS

¿Cómo puede crear independencia financiera para disfrutar al máximo de la vida?

DIOSA ABUNDIA

Encuentre el propósito de su vida y el dinero le seguirá.

Gane, gaste e invierta la diferencia.

Diosa protectora de los ahorros, las inversiones y la riqueza

1. ¿Quiere encontrar la fuerza imparable que le llevará a la riqueza?

De la indeterminación e inseguridad a la fuerza de la claridad y la determinación

2. El plan.

De la incertidumbre a su mapa de carreteras y los resultados

3. Estrategias para acelerar y proteger su riqueza.

Del miedo a la ambición y a la realización de los sueños

4. Su caja de herramientas.

De la debilidad a la fuerza y al poder

5. Integración: creando el futuro de sus sueños.

De la desesperación a los grandes logros

9.1. DE LA INDECISIÓN A LA FUERZA IMPARABLE DE LA CLARIDAD DE METAS PIENSE COMO UN MILLONARIO

Todavía no soy millonario pero soy ferviente estudiante de los principios que usan los millonarios, los aplico gradualmente y mis resultados están mejorando poco a poco. Aquí están:

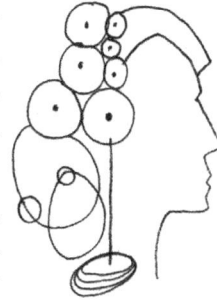

Comencemos por la mente. Primero, crea en sí mismo y en sus metas. Nada cambiará a menos que usted sea el primero en creer en sus sueños, tenga un sueño apasionado de mejorar su vida, atrévase a soñar a lo grande y elimine los pensamientos negativos. Segundo, la riqueza es un estado mental. Haga sus afirmaciones todos los días, repítase palabras de ánimo constantemente, haga una lista de sus virtudes y téngalas bien presentes. Finalmente, ayude a su entorno a ser más próspero y su entorno le hará más próspero (contactos, proyectos, clientes, ventas, ingresos, beneficios y finanzas).

Mejore su control emocional. Haga lo que le gusta; es la mayor motivación que existe. ¿Cómo quiere que sea su vida? ¿Si tuviera todos los recursos necesarios, dinero, tiempo, qué le gustaría hacer y ser? Vaya a dormir, proponga esas preguntas a su subconsciente, mente universal o Dios, anote todo lo que le venga a la mente y póngase en marcha.

Conviértase en la mejor versión de sí mismo en su trabajo actual mientras diseña su propia empresa. Ahorre, adquiera experiencia, use parte de su tiempo libre para pensar en su empresa futura, siga adquiriendo conocimientos y hágase una buena lista de contactos profesionales. Comience su empresa poco a poco mientras sigue con su trabajo actual.

"¡Sueñe, crea en sí mismo y realice su sueño!". Oscar Escallada

9.2. DE INSEGURIDAD AL PODER LO IMPOSIBLE ES POSIBLE

PENSAMIENTOS

1. Los caminos fáciles normalmente no sirven. ¿Cuál es la diferencia entre un obstáculo y una oportunidad? Nuestra actitud. Como dijo Luo Holtz: "Muéstrame a alguien que ha hecho algo extraordinario y te enseñaré a alguien que ha vencido la adversidad".

2. **¿Imposible?** Usted decide. Como menciona la Biblia: "Cuando se acerca a Dios, Dios se acerca a usted".

3. ¡Lo que cuenta es la búsqueda! ¿Es usted de los que tiembla de miedo por la incertidumbre del futuro o de los que cree en sus sueños y lucha por ellos? ¡Hay miles de ideas a sus alrededor que valen millones de dólares!

SENTIMIENTOS

4. **¡Sienta el miedo y hágalo de todas formas!** Si se preocupa demasiado por el futuro, no habrá futuro por el que preocuparse.

5. Lo único que necesita es pasión. Tenga la habilidad de desarrollar tanta pasión en su vida como quiera, ¿por qué no lo hace?

6. Controle sus emociones. Si pierde la cabeza, ¿cómo planea usarla? La mejor forma de usar su tiempo es dedicándose a sus proyectos con alegría, no a arreglar los problemas creados por el mal humor.

ACCIONES

7. Levántese una vez más de las que cae. ¿Ha fracasado alguna vez enalgo? ¡Bienvenido al club! Aprenda de la experiencia y no se atreva a renunciar a sus sueños hasta que lo consiga.

8. Sus mejores amigos le hacen ser mejor persona. Las personas de su entorno más cercano deberían potenciar sus ganas de ser más feliz.

9. La clave del éxito está en las actividades diarias. Lo que plante todos los días será lo que recoja en las diferentes áreas de la vida.

10. Los milagros comienzan en su corazón. Cuando mira al mundo con un corazón feliz, ¿qué tipo de mundo ve?

"Nadie puede conseguir grandes logros sin concentración, dedicación y disciplina". Autor desconocido

9.3. DE LA CONFUSIÓN AL PLAN DE ACCIÓN

Charles Feeney nació en el seno de una familia irlandesa de clase baja en Nueva Yersey (Estados Unidos) en 1931. La familia se las arregló como pudo para salir adelante durante la Gran Depresión. Charles era inteligente y tenía un gran talento para ganar dinero de pequeños trabajos. Se graduó en gestión hotelera y pagó sus estudios vendiendo sándwiches en el campus de la universidad por las noches. Después de rechazar varias ofertas de trabajo y visitar varios países montó su negocio de productos libres de impuestos (duty-free). Llegó a ser una de las personas más ricas en Estados Unidos (posición 23) en 1988, donó casi toda su fortuna y se quedó con lo justo para vivir.

Mantenga su mente concentrada en sus sueños. Primero, recuerde siempre que la razón principal de proyectos incompletos, compromisos insatisfechos y sueños rotos es la falta de una meta clara. Segundo, manténgase motivado. Elimine pensamientos negativos y domine su voz interior crítica. Tercero, elimine distracciones. La primera regla es estar concentrado en la tarea presente, hacerlo lo mejor posible y ponerse fechas de ejecución. Finalmente, haga cada cosa en su momento. Como dice el proverbio italiano: "El que mucho abarca, poco aprieta".

Concentración = Poder = Acción = Progreso

Un plan de acción es vital para llegar a su objetivo. Puede aplicar los mismo principios de un plan de negocios a su vida. Diseñe planes concretos, responsabilidades y fechas de ejecución. También tenga en cuenta supervisar el proceso. Si se cumplen las metas, perfecto; sino, haga las modificaciones necesarias hasta conseguirlo.

"El éxito normalmente les llega a aquellos que están demasiado ocupados intentando conseguirlo".Henry David Thoreau

9.4. HABILIDADES PERSONALES. LA METAMORFOSIS

PENSAMIENTOS

1. ¿Por qué es la inteligencia financiera tan importante? La mayoría de la personas dirían que necesitan más dinero, pero lo importante, en mi opinión, es para qué. Principalmente porque dedicar muchos recursos a mejorar sólo un área (en este caso, las finanzas) podría desequilibrar el resto de áreas. Lo más importante del dinero es la libertad que da para disfrutar de la vida con nuestros seres queridos.

2. Diferencie entre saber y la capacidad d vender. En Estados Unidos, el país más rico del mundo, sólo un 5% de la población gana más de 100.000 dólares al año. Miles de personas brillantes con doctorados tienen problemas financieros. Tienen muchos conocimientos pero no saben cómo transformarlos en dinero. Le sugiero que desarrolle el hobby de hacerse un experto en ventas.

3. Mantenga el equilibrio. Una lección que me enseñó la vida es que el camino más corto a la felicidad es el equilibrio entre todas las áreas de la vida. Intente mejorar en todo, pero no pierda el equilibrio.

SENTIMIENTOS

4. Desarrolle la conciencia de abundancia. Los expertos dicen que se

atrae lo que se es. Llene su mente de pensamientos positivos.

5. Ponga su corazón en su acción. Sólo esto le hará mucho más feliz.

6. Haga lo que ama y el dinero le llegará. No es un lujo, sino una necesidad. Le guiará por el camino de la prosperidad.

ACCIONES

7. Genere más ingresos. Solucione problemas.

8. Proteja su riqueza. Conozca las reglas del juego.

9. Tenga un presupuesto. Ahorre e invierta.

10. Haga que el dinero trabaje para usted. Invierta.

"¿Qué quiere conseguir con dinero, paz, autoestima? Desarrolle esas cualidades y será un imán para el dinero y la abundancia. Vea el dinero, no como algo para llenar un vacío, sino como un medio para desarrollar todo su potencial como persona". Autor desconocido

9.5. DE LIMITACIONES A VISIÓN MUNDIAL LOS SECRETOS DE LOS RICOS

Mi intención en esta sección no es hacerle sentir miserable por comparación con las personas más ricas del planeta, sino hacerle llegar los principios que utilizaron para amasar sus fortunas. Por cierto, algunos de ellos empezaron de cero. ¿Qué es un multimillonario? Alguien que tiene más de 1.000 millones de dólares. ¿Cuántos hay en el mundo? Según la revista Forbes, el número asciende a 793. Hay 371 en los Estados Unidos, 55 en Alemania, 210 entre Europa y Asia, 115 entre el sureste de Asia y Australia, 53 en África y 24 en América Latina. ¿Qué nos pueden enseñar? Aquí están algunos de sus principios:

1. El deseo de hacer algo extraordinario y dejar un legado. El deseo de proporcionar un gran servicio.

2. Dejar propiedades y riqueza a sus hijos, cuando ellos no estén. Es el deseo de cualquier padre.

3. Hacer de mecenas de causas nobles. Diferentes razones se han barajado: ser perdonados por su riqueza, satisfacción personal, narcisismo, beneficios fiscales, políticos o sociales.

4. Cambiar el mundo de alguna forma, crear una nueva sociedad, inventar algo o lograr un gran éxito.

5. El espíritu humano de inconformidad y mejora continua.

¿Dónde estaríamos si las generaciones pasadas no habrían estado inconformes con su forma de vida?

6. Crear grandes obras de arte.

7. La pasión de mejorar sus condiciones de vida personales.

8. Las personas que intentaron desarrollar todo su potencial.

9. Estar en "el juego"; perder, ganar y estar al cien por cien.

10. El deseo y pasión por crear un mundo mejor para todos.
"Nuestra lealtad debe trascender raza, tribu, clase y nación; y esto significa que debemos de tener una perspectiva mundial".
Martin Luther King

9.6. DE LA REALIDAD A LA REALIZACIÓN DE SUS SUEÑOS EL EQUILIBRIO DE LA RIQUEZA Y LA RIQUEZA DEL EQUILIBRIO

Este juego de palabras surgió en mi mente. Por un lado, cuanto más equilibrado esté, mayor será su probabilidad de tener verdadera riqueza. Necesita una mente clara, sentirse positivo y apasionado, y ser perseverante. Por otro lado, la verdadera riqueza es el equilibrio de todas las áreas de la vida, intelectual, emocional, profesional y espiritual.

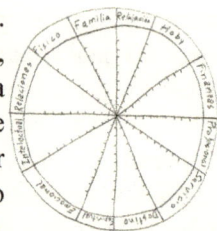

Aquí puede ver un ejemplo de "La Rueda del Equilibrio en la Vida". Valore su estado actual: del cero en el interior a un diez en el exterior. Le mostrará su estado actual. Ahora marque dónde le gustaría estar en seis meses o en un año. Por último, diseñe un plan de cómo pasar de una situación a la otra y póngase manos a la obra.

1. Pensamiento: aprenda, lea, fórmese y tenga un plan claro de cómo conseguir sus sueños.

2. Sentimientos: Exprese sus emociones, sea abierto.

3. Acciones: Concrete y siga su plan de vida.

4. Ser individual: ¿qué virtudes le gustaría desarrollar?

5. Ser social: Establezca unas buenas y enriquecedoras relaciones sociales. Intente mejorar sus relaciones familiares.

6. Salud: ejercicio regular, descanso, dieta saludable y control de peso. Mejore su control de estrés, manejo del tiempo y diversión.

7. Posesiones: diseñe su vida ideal y ponga manos a la obra.

8. Profesión: use y desarrolle su potencial al máximo.

9. Finanzas: planee, ahorre, invierta y disfrute.

10. Espiritualidad: compromiso, oración y servicio a los demás.

"Sueñe a lo grande. Los sueños pequeños no tienen la fuerza suficiente para inspirar a los hombres". Víctor Hugo

9.7. DE LA POBREZA A LA VERDADERA RIQUEZA

Yo defino la riqueza como abundancia en la vida. Sin embargo, puede ser muy diferente para diferentes personas. Creo que lo importante es que cada uno busque su punto de equilibrio entre todas las facetas de la vida. Abundancia de alegría, de dinero, de tiempo y de vida espiritual si se desea. El problemas muchas veces son los intercambios que hacemos. Intercambiamos tiempo por dinero, salud por trabajo, diversión superficial por paz y riqueza interior. Pero, ¿qué podemos hacer para tener más riqueza en el sentido tradicional de la palabra?

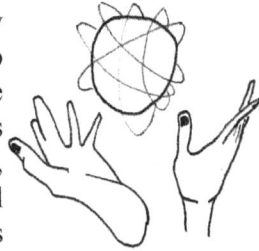

ATRAERLA

1. Sea fuente de vibraciones positivas y eso atraerá a su vida.

2. Entréguese al cien por cien en el servicio a los demás.

3. Olvide los fracasos, sienta gratitud por todo, limpie su mente de cualquier influencia negativa y tenga a Dios de su lado.

CREARLA

1. Sepa exactamente lo que quiere y haga más que los demás.

2. Desarrolle compromiso y amor por su trabajo.

3. Piense en grande. Una idea le podría hacer millonario.

GESTIONARLA

1. La mente del rico: crea, ahorra e invierte.

2. Entienda el dinero como semillas que pueden transformarse en árboles de dinero continuos y la magia del interés compuesto.

3. Tenga siempre un fondo de emergencia que cubra sus gastos de 6 meses a un año. Eso le dará mucha seguridad y tranquilidad.

COMPARTIRLA

1. Celébrelo devolviendo algo a la sociedad.

2. Con objetivos claros y coherentes, la riqueza privada en la forma de fundaciones pueden cambiar el mundo.

3. Ayude con conocimientos o recursos a los menos afortunados.

"No es pobre el que no tiene, sino el que mucho desea". Séneca

9.8. DE LA DEBILIDAD A LA FUERZA

PENSAMIENTOS

1. Usted puede controlar su vida. Si piensa que la afirmación es correcta o incorrecta, tiene usted razón. Usted elige. Piense en lo bonito, en la riqueza, no en la pobreza.

2. Piense en aprender y crecer continuamente. Yo me he dado cuenta que cualquier persona te puede enseñar algo.

3. Comience a ser consciente de toda la abundancia que le rodea; hay oportunidades en todas partes. Ahorre para hacer inversiones inteligentes. Sea proactivo y resuelva problemas. Piense, véalo en su mente, actúe y verá como sucede.

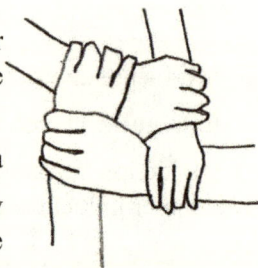

SENTIMIENTOS

4. Piense en grande y siéntase espectacular por lo que va a hacer a partir de ahora con su vida. Por sus clientes, sus familiares y por usted.

5. Sienta los miedos que tenga que sentir, pero siga su plan con paso firme y con compromiso férreo.

6. Usted no desea ser rico, usted va a ser rico y ya puede sentir las emociones maravillosas de todo lo que va a hacer cuando lo sea. Reprograme su subconsciente con afirmaciones y visualizaciones diarias y done una pequeña parte a causas sociales. Así estará incrementando su poder de atracción y disminuyendo su tendencia a repeler. Según la ley, se repele las cosas que le crean adicción.

ACCIONES

7. Juegue para ganar, no parar evitar perder. Gestione su dinero con inteligencia financiera. Beneficio = Ingreso – Gasto. Simple, pero no siempre fácil de llevar a cabo. Haga que su dinero trabaje duro.

8. Haga ejercicios de lluvia de ideas. Haga una lista de posibles fuentes de ingresos adicionales, tanto activas (promoción en su trabajo) como pasivas (escriba un libro, grabe un disco).

9. Haga una lista de sus diez millonarios favoritos. Estúdielos, analice sus estrategias. Sea un investigador, ¡es real divertido!

10. Comience a trabajar como si le pagaran por resultados y no por horas de trabajo. Haga un buen plan financiero para su vida.

"Escogimos el camino de la igualdad; no dejen que nos hagan cambiar de rumbo". Geraldine Ferraro

9.9. DE LA MENTALIDAD DE POBRE A LA DE RICO

Recuerdo un chiste de un periódico. Está este empleado, Pedro, que va a hablar con su jefe y dice:"Estimado Sr. Smith, he estado trabajando en esta empresa cinco años ya y nunca me subieron el sueldo. ¡Creo que va siendo hora que me lo suban!". El Sr. Smith le miró y con voz pausada le dijo: "Sí Pedro, pero sabe usted… Los ricos se hacen más ricos y los pobres se hacen más pobres. ¡Si le subo el sueldo cambiaría el curso de la historia!".

Empecemos con la mente. Mentalidad del pobre: No tengo dinero, así que tendré que trabajar más. Trabajo más horas para ganar más dinero, hago los trabajos de la casa yo mismo, no tengo tiempo para poder imaginarme una vida mejor.

Cada día tengo menos tiempo y menos dinero, cada día soy más pobre y no llego a ningún sitio. Por el contrario, mentalidad del rico:

Pienso como un millonario, pago a otras personas para que me hagan las tareas más rutinarias y así tengo tiempo para imaginarme una vida mejor. Hago mis planes, los ejecuto, transformo mis ideas en recursos económicos y pago a más personas para que hagan más trabajo. Cada vez amaso más riqueza y tengo más tiempo para disfrutar de mi vida.

No ame el dinero. Gaste dinero para ganar más dinero y busque su libertad financiera. Simplemente imagine y sienta la infinidad de posibilidades. ¿Cómo se sentiría si no tuviera el estrés económico que tiene hoy? Piense en lo que quiere, no en lo que no quiere.

¿Quiere hacer "milagros"? Crea en lo imposible y tome acción. ¿Qué haría con su vida si tuviera todo el dinero y tiempo del mundo?¡Lo puede hacer ahora! Comience su sueño AHORA, ¿sino cuándo lo hará? El secreto para hacerse rico rápidamente es ofrecer un gran valor a tanta gente como pueda, lo más rápido posible. Relájese y diga:"¡Todo va salir bien, Dios está conmigo!". "Mientras haya vida, hay esperanza". Marco Tulio Cícero

9.10. DE LA IGNORANCIA A LA RIQUEZA

Hay una ciencia de hacerse rico; es como el álgebra o la aritmética. Si usted aplica los principios correctos, obtendrá los resultados que busca. Recuerde, las principales leyes son transmutación, relatividad, vibración, polaridad, ritmo, causa y efecto, y género. Veamos la sabiduría de Wallace D. Wattles en su obra "La Ciencia de Hacerse Rico".

Usted tiene todo el derecho a ser rico. Es perfectamente normal que quiera hacerse rico y lo mejor que podemos hacer es desarrollarnos al máximo. El Gran Secreto de la Vida es que la vida, la naturaleza, siempre buscar desarrollo y crecimiento. Lo mismo se aplica a las finanzas. Piense, sienta, haga y atraerá todo lo que quiera, incluida la riqueza. Eso es lo que le hace querer más abundancia, es lo mismo que hace crecer las plantas. Es la energía universal buscando su expresión.

¡Gratitud! Adopte y sea consciente de la siguiente realidad. Hay una sustancia inteligente que es el origen de todo y la conexión a esa sustancia es lo que hará que atraiga todo a su vida. Sienta una gran gratitud por esa sustancia. Sin importar su profesión, empiece a pensar en formas de enriquecer la vida de los demás con productos y servicios útiles. Eso le hará rico. Pensar en positivo creará sentimientos positivos. Las acciones y resultados positivos se darán.

Tome acciones eficientes. Comience donde está. La mejor forma de avanzar es haciendo su trabajo de la mejor forma posible para pasar al siguiente nivel. Conecte sus pensamientos positivos con acciones productivas. Use la voluntad para mantener el rumbo ante las dificultades y mantener su mente libre de negatividad. Desarrolle sus talentos al máximo y pase de ser competitivo a ser creativo e intentar ser mejor persona y mejor profesional cada día. **"Mantenga la visión de su sueño en su mente, sienta la alegría de haberlo conseguido, persevere y verá los resultados en su vida". Oscar Escallada**

10. ESPIRITUALIDAD

¿Qué tipo de relación espiritual le gustaría experimentar y cómo hacerlo?

DIOSA MINERVA

Busque su sabiduría personal,

es el camino más rápido a la felicidad

Diosa de la sabiduría y la experiencia espiritual

1. ¿Cómo ir de la teoría a la práctica?

De la falta de conocimientos y práctica al altruismo y la solidaridad

2. ¿Quiere hacer milagros a diario?

De querer a hacer y de la impotencia a milagros diarios

3. ¿Cuáles son los beneficios para su salud y para la humanidad?

De la ignorancia y crueldad al bienestar y a ser modelo de ejemplo

4. ¿Desearía desarrollar una fuerza inquebrantable?

De la fragilidad y los deseos a la fuerza y al compromiso

5. ¿Cuál es el secreto detrás de la generosidad espiritual?

De recibir a compartir y de la religión a la espiritualidad

10.1. DE LA IGNORANCIA AL CONOCIMIENTO

¿Cómo comenzar esta sección? Me gustaría que fuera fácil de entender, inspiradora y lo más práctica posible. ¿Cómo podría transmitir el vasto conocimiento existente sobre la espiritualidad y la religión, y transformarlo en conocimiento práctico? Comencemos por lo que ya sabemos.

Espiritualidad. ¿Para qué? Desde el comienzo de los tiempos el ser humano ha buscado el paraíso de la felicidad. ¿Cómo? A través de la religión o de la ciencia. Entiendo que lo mejor es usar todas las herramientas posibles. En la espiritualidad buscamos la conexión con Dios, el Universo y las fuerzas del más allá. Buscamos certeza, control, seguridad, apoyo y fuerza para creer en nosotros mismos e intentar alcanzar nuestros sueños, solucionar lo que pensamos que no podemos solventar y sentirnos protegidos de las cosas que no podemos controlar. También, seguimos buscando más conocimientos para las diferentes áreas de la vida.

La religión es una forma institucionalizada de experimentar la espiritualidad. Normalmente creemos que "nuestra religión" es única, sin ni siquiera conocer el resto de religiones. ¿Qué sabe usted de su propia religión? ¿Y del Budismo o el Hinduismo? Mi humilde opinión es que deberíamos documentarnos más del resto de religiones y escoger aquella que nos haga mejor personas.

Hinduismo: Unidad, karma y progreso hacia la reencarnación. Budismo: Siderata, El Camino del Medio y reencarnación. Islam: Mohamed, El Corán y el Hadiz.

Confucianismo: Confucio, moral individual y la ética. Cristiandad: Cristo, El Pecado Original y La Santísima Trinidad. Judaísmo: Abraham, El Torá y La Tierra Prometida.

Practique la ley del pensamiento: Mantenga una actitud mental positiva, ya que dirigirá sus acciones y todas sus fuerzas.

"La creación más peligrosa de cualquier sociedad es el hombre que no tiene nada que perder". James Baldwin

10.2. DE LA TEORÍA A LA PRÁCTICA

¿Realmente hace más feliz la espiritualidad? Los estudios científicos demuestran que las personas más espirituales o religiosas son más felices, afrontan los retos de la vida de forma más positiva y se recuperan antes de las enfermedades. Hay dos tipos de espiritualidad. Una es la fé religiosa. Vimos que hay muchas religiones en el mundo. Así que lo mejor es escoger aquella que nutra su alma de forma más plena. La segunda es ser espiritual, sin más. La palabra espiritual tiene muchos significados, pero la esencia es que es la parte no física.

La población mundial es de unos 7.000 millones de habitantes y se ha estimado que sólo 1.000 millones practican una religión regularmente. Eso nos deja 6.000 millones de habitantes sin religión. Por lo tanto, la mejor opción sería desarrollar la conciencia y práctica de valores espirituales para la humanidad. Mi creencia personal es que la vivencia espiritual nos hace sentir más felices y sugiero encarecidamente al lector que aprenda a integrar dicha experiencia en su vida diaria. ¿Con qué propósito? Con el propósito de ser más felices cada día, hacer un poquito más felices a nuestros semejantes y dejar el mundo mejor que lo encontramos. ¡Vivir dando ejemplo es el mayor regalo que podemos ofrecer al mundo!

Veamos cómo integrar la espiritualidad en nuestras vidas. Lo primero es darse cuenta que estamos rodeados de espiritualidad; está en todos y en todas partes. Todos somos seres espirituales en cuerpos físicos. Mire a sus seres queridos y sienta el amor por ellos. Cualquier cosa que le haga sentir paz y alegría es espiritualidad. Haga actos de generosidad diaria; agradecerá la satisfacción interna y el agradecimiento.

Medite sobre todas las cosas buenas de la vida.

Practique la ley de la oferta: Como dijo Jesús: "Todo aquello que pidáis en oración, creyendo, lo recibiréis".

"No hay nada mejor para el cuerpo que el crecimiento del espíritu humano". Proverbio Chino

10.3. DE LOS DESEOS A LAS ACCIONES DIARIAS

El Caballero y El Mago Había una vez un caballero que vivía en un reino llamado "Éxito". Este caballero tenía mucho éxito: Una salud espectacular, riqueza, una familia maravillosa, reconocimiento social y tiempo suficiente para disfrutar de todo. Sin embargo, había sólo una cosa que inquietaba al noble señor. A veces se sentía vacío. Un día deambulaba con su caballo por la orilla del río absorto en sus pensamientos cuando de repente un mago del reino de la "Espiritualidad" le llamó y dijo: "Estimado y noble señor, perdone por la interrupción, pero veo que está preocupado, ¿le puedo ayudar?". El caballero dijo:"Estimado mago, tengo todo lo que se podría desear pero me siento vacío.".

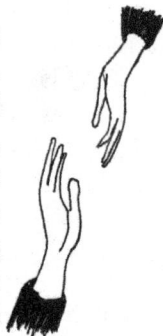

Entonces el mago le dijo cómo vivían en el reino de la Espiritualidad. Para ellos lo más importante era el equilibrio y la espiritualidad. La gente intentaba tener una buena salud, los medios necesarios para vivir, ahorrar algo para emergencias, disfrutar de su profesión, amarse los unos a los otros, tener un hogar y una familia con mucho amor, y disfrutar de varios deportes y actividades de ocio. Las personas estaban llenas de amor, se regían por valores espirituales y se sentían conectados con la inteligencia universal y los unos con los otros.

El caballero le escuchó atentamente. ¡Quizá era eso lo que había estado buscando todos estos años! "¿Cómo puedo experimentar esa espiritualidad?", preguntó el caballero. El mago le contestó con las siguientes palabras:

"Piense, sienta y actúe todos los días siguiendo los siguientes principios: Ame de forma incondicional, perdone, aprenda a ser solidario y altruista, sea generoso, amable y magnámino, y desarrolle la comprensión y la compasión".

Practique la ley de la atracción: El deseo le conecta con la cosa deseada y la expectativa lo atrae hacia su vida. Esa es la ley.

"La felicidad no es un destino, sino una forma de vida". Burton Hills

10.4. DE FALTA DE PODER A MILAGROS DIARIOS

¿Qué es un milagro? Hay muchos significados. Sin embargo, tengo dos definiciones personales. En primer lugar, todos estamos rodeados de milagros todos los días (hechos increíbles, sucesos, fenómenos). Dése cuenta de eso y empezará a ver la vida con el entusiasmo de uno niño que va a una tienda de juguetes por primera vez (aviones, energía nuclear, telepatía,

televisión, teléfono, generosidad, reconciliación en la pareja). Segundo, conseguir un resultado (objetivo, propósito) que se pensaba imposible de lograr. ¿Qué puede hacer USTED para crear sus propios milagros de felicidad en su vida?

PENSAMIENTOS

1. Desarrolle expectativas positivas y refuércelas con acción y perseverancia. Nunca renuncie y obtendrá todos sus "milagros".

2. Elimine todas las creencias autolimitantes y tome responsabilidad absoluta por sus pensamientos, sentimientos, acciones y resultados.

3. Tome acción para conseguir sus sueños, pero no se preocupe demasiado por el cómo. Eso está en manos del Universo.

SENTIMIENTOS

4. Crea en su guía interna (voz interior, intuición). ¡Crea en los milagros y deje que el Universo se encargue de los detalles!

5. El perdón es esencial. Perdónese a sí mismo y luego a los demás.

6. Gratitud. En lo que se centre, se expande, negativo o positivo.

ACCIONES

7. Haga una lista de creencias limitantes y deshágase de ellas.

8. ¿Ha vivido algún milagro en su vida? Envíelo a nuestra dirección de correo electrónico. Nos gustaría hacer un bonito álbum de historias.

9. Un milagro al día. Haga su propio diario de milagros.

10. Diviértase haciendo una lista de los Milagros que le gustaría ver en su vida. Recuerde, ¡Si tiene el deseo, lo atraerá a su vida! Empiece a tomar acción todos los días; será sólo cuestión de tiempo.

Practique la ley de la recepción: Comparta su vida, intereses, su energía, su amor y su gratitud y volverá hacia usted multiplicado: "Sobre todo ámense profundamente, ya que el amor disipa multitud de pecados". Pedro 4:8-9

10.5. DEL EGOISMO A LA RESPONSABILIDAD SOCIAL EL MUNDO EN EL AÑO 2060

Mi creencia es que la espiritualidad nos conecta a todos en una dimensión invisible. Para algunos, esto significa encontrar a Dios, Jesús, Alá o Buda. Para otros significa conectarse con los espíritus de nuestros antepasados o la energía interior.

¿Por qué no reconectarse con ese poder? Me pareció muy interesante incluir tendencias sociales para los próximos cincuenta años. Creo que una mayor conciencia espiritual a nivel mundial nos hará estar mejor preparados para afrontar los retos y vivir más felices.

1. Pensamiento: El ser humano tendrá que desarrollar dos rasgos, la flexibilidad y la capacidad de adaptación. Habrá una explosión de población (10.000 millones de habitantes para el año 2060) y una nueva era de la tecnología.

2. Sentimientos: Los conocimientos sobre la felicidad serán más comunes y la gente tendrá un mayor potencial para su felicidad.

3. Acciones: Grandes líderes serán necesarios para afrontar retos.

4. Ser individual: Nuevas habilidades se irán desarrollando.

5. Ser social: La tecnología mejorará la medicina, enfermedades mentales, ordenadores, robots y recursos naturales.

6. Salud: Se encontrará la cura para muchas enfermedades y la esperanza de vida aumentará.

7. Condiciones sociales: La seguridad mejorará debido a una gran mejora al acceso de información a nivel mundial.

8. Profesión: La industria del medioambiente crecerá mucho, dando trabajo a millones de personas.

9. Finanzas: El flujo de trabajo y el crecimiento económico estará menos concentrado en América-Europa. India y China serán los nuevos líderes, probablemente con la misma importancia.

10. Espiritualidad: Es muy seguro que una nueva conciencia mundial emergerá, basada en la unidad, humanidad y fé.

Practique la ley del incremento: Valore y dé gracias por lo que tiene y crecerá.
"A la gente no le falta fuerza, sino voluntad ". Víctor Hugo

10.6. DE LA IGNORANCIA A LA FELICIDAD CON LA ESPIRITUALIDAD

La evidencia científica aclara que tanto la espiritualidad como la religión tienen efectos positivos en nuestra felicidad, salud y bienestar. Sólo en los Estados Unidos de América el 95% de la población creen en Dios. Mi intención no es ni mucho menos convencer, sino mostrar cómo la espiritualidad puede añadir un gran valor a nuestras vidas. Veamos cómo puede enriquecer su vida:

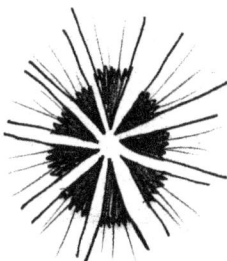

PENSAMIENTOS

1. **Reflexione** sobre la felicidad interna y externa. Según la investigación científica, el 90% de la percepción de felicidad proviene del interior y sólo el 10% de cosas materiales externas.

2. **Encuentre** su propia forma de experimentar la espiritualidad. Centre su vida en Dios, en la verdad, en el amor o en la felicidad.

3. **Viva** como un filósofo. Tres formas diferentes: el camino rápido como Diógenes (vivir como un yogui), el camino intermedio como Epicuro (disfrutar de las cosas materiales y espirituales) y el camino erróneo como Aristípedes (placer externo y sufrimiento interno).

SENTIMIENTOS

4. Mejore su autoestima. Aprenda y desarrolle sus propias opiniones.

5. Haga actividades que le generen calma y paz mental.

6. Haga una lista de todos los sentimientos que le gustaría experimentar a lo largo del día y haga su plan de acción.

ACCIONES

7. Escriba un diario donde pueda anotar todas las acciones que está tomando, los resultados, y cómo está mejorando su vida.

8. Oración. Desarrolle su lado espiritual. Exprese gratitud, pida perdón, fuerza y apoyo para usted y sus seres queridos.

9. Comience con meditación. Los pensamientos negativos van y vienen como nubes en el cielo. Tome clases si lo necesita al principio.

10. Reflexione sobre todas sus experiencias y encuentre la forma de vida que le hará vivir con felicidad, sabiduría, amor y paz.

Practique la ley de la compensación: Su lugar correcto es donde puede tener éxito. Excelente Servicio = Excelentes Resultados. **"Haz sólo lo que te dicte tu corazón". Princesa Diana de Inglaterra**

10.7. DE LA FRAGILIDAD A LA FUERZA

Me gustaría ilustrar el concepto de la fuerza personal y la espiritualidad. Algunas personas no son partidarias de hacer uso del poder de la espiritualidad en sus vidas. Yo, por el contrario, creo firmemente en el desarrollo continuo de los valores espirituales en todas las áreas. Usted puede hacer cosas extraordinarias con el poder de su mente. Sin embargo, ¿cuánto más podría usted lograr si tuviera el apoyo de Dios? A continuación hago una relación de todo lo que me da fuerza y me hace desarrollar mi lado espiritual:

1. La facultad de elección es suya por derecho de nacimiento. Centre su actividad profesional en dar lo mejor de sí mismo.

2. Gratitud. Esté agradecido por todo lo que es. ¿Por cuánto dinero vendería uno de sus ojos?

Usted tiene un valor incalculable.

3. Ambición sana como un regalo a su profesión y al mundo.

4. Mejora personal. Cuanto más desarrollo mis habilidades intelectuales, emocionales y prácticas, más puedo contribuir.

5. Responsabilidad social. Una vez que controle su vida, intente aportar algo a la sociedad. Ayude a los que no se pueden ayudar a sí mismos (juegue con niños, asista a los ancianos).

6. Salud. Cuanto más sano esté, mejor podrá afrontar el resto de las áreas de la vida y ayudar a sus semejantes.

7. Trabajo. Mantenga equilibrio entre el trabajo y el resto de su vida. Desarrolle su profesión con pasión y servicio a la sociedad.

8. Dinero. Una vez que tenga lo necesario más unos ahorros, el resto no aportará mucho a la felicidad. ¡Comparta!

9. **Familia y pareja.** Aprenda a amar de forma incondicional.

10. Espiritualidad/religión. Siéntalo y haga buenas acciones.

Practique la ley de no resistencia: Elimine cualquier obstáculo bendiciéndolo y entendiéndolo. Transforme las dificultades en etapas necesarias del camino hacia vida de sus sueños.
"Hay dos grandes motivadores para el hombre: el interés y el miedo". Napoleón Bonaparte

10.8. DE LA DUDA A LA ESPIRITUALIDAD EN EL TRABAJO

Un monje le preguntó a su maestro: "¿Qué significa Buda?". El maestro contestó: "El ciprés en el jardín. Imagínate el maravilloso ciprés, extendiendo todo su esplendor en el camino del jardín del monasterio. ¿Qué podría ser más común y familiar a todos los monjes, que pasan a su lado todos los días? Ese ciprés representa las cosas comunes que no damos importancia porque las tenemos todos los días".¿Qué cosas son tan familiares para usted que ya ni las aprecia?

¿Su casa, su familia, su lugar de trabajo, sus compañeros de trabajo? Podemos ver la espiritualidad como una nueva forma de ver la vida, llena de pequeños regalos en todas partes, si aprendemos a mirar y disfrutar. Yo lo hice y le puedo asegurar que la satisfacción tanto en el trabajo como a nivel personal cambió radicalmente.

PENSAMIENTOS

1. Serenidad y paz mental. Centre su mente en cómo puede ser una mejor persona en todas las áreas de su vida, incluido el trabajo.

2. Tenga fé en todas sus habilidades y su increíble potencial.

3. Muestre gratitud y modestia entre sus compañeros de trabajo.

SENTIMIENTOS

4. Comparta el regalo de la alegría y el calor humano con los demás.

5. Muestre bondad, compasión y clemencia según la situación.

6. Ayude a la gente a mejorar su autoestima y confianza en sí mismos.

ACCIONES

7. Haga que sus acciones muestren humanidad, respecto y honestidad.

8. Conozca a sus compañeros de trabajo y pase tiempo con ellos.

9. Cambie de recibir a dar. ¡Su mundo cambiará completamente!

10. Sea magnánimo, humilde, generoso, gentil y fuerte ante los retos.

Lidere con el ejemplo.

Practique la ley del sacrificio y de la obediencia: La disciplina es el camino que le llevará a todo lo que merece la pena en la vida.

Cuánto más aplique las leyes, mayor seguridad, prosperidad y felicidad tendrá.

"No tengo miedo de las tormentas. Aprendo continuamente a navegar con mi barco". Louisa May Alcott

10.9. DEL DESEQUILIBRIO A LA VIDA EQUILIBRADA El
monje que vendió su Ferrari (Robin Sharma)

Esta bonita historia, relatada por el autor Robin Sharma, trata de la vida del abogado Julian Mantle que sufre una crisis espiritual. Se embarca en una odisea que cambiará su vida para siempre, descubriendo la milenaria cultura de la India. Ya había conseguido todo lo que cualquier persona querría: Éxito profesional ganando más de un millón de dólares al año, una gran mansión en un vecindario repleto de famosos, un jet privado, una casa de verano en una isla tropical y su posesión más preciada, un flamante Ferrari rojo aparcado en la entrada de su casa. De repente se da cuenta de su vacío existencial debido a una vida desequilibrada. ¿Qué podemos aprender de esta historia?

PENSAMIENTOS

Durante su viaje aprende a valorar el tiempo como su posesión más valiosa. También aprende a cuidar sus relaciones, a desarrollar pensamientos positivos y a vivir con pasión cada día. Nos relata cómo mantener una mente centrada, cómo encontrar las lecciones en las dificultades y cómo seguir la pasión de nuestros corazones. También nos sugiere que debemos ver la acumulación de riqueza como uno de tantos objetivos y enseñar a otros a lograrlo también.

SENTIMIENTOS

Aprendemos a ver la verdadera riqueza como resultado de la paz interior y la alegría. Nos habla de la llamada carrera sin fin por el éxito material y del peligro de descuidar otras áreas de la vida.

ACCIONES

Julian vivió un cambio milagroso y se transformó en un hombre con salud, vitalidad física y fuerza espiritual. Aprendió la virtud de la generosidad, de no sacrificar la felicidad por logros materiales, a disfrutar del viaje cada día y a compartir con sus semejantes.

Practique la ley del perdón: Según perdonamos se nos perdonará. Perdone, se liberará de emociones negativas y la conciencia positiva reinará en su mente.

"Un corazón honesto posee un gran reino". Séneca

10.10. DE LA IGNORANCIA A LA SABIDURÍA DE LA FELICIDAD "EL MARGEN DE LA VIDA"

¡Hemos hecho un largo camino! En este último capítulo. me gustaría dejar al lector con un bonito regalo. Me gustaría mostrarle mi propio resumen de la sabiduría de la felicidad en mi vida. Es un principio que yo llamo "El margen de la vida".

Tiene dos partes. Primero, desarrolle la habilidad de ser feliz sin más, sin razones.

¡Usted nació para ser feliz! Cosas buenas y malas le sucederán y probablemente le hagan sentirse mejor o peor, pero son sólo estados emocionales temporales. Segundo, en todas las áreas de la vida hay mínimos aceptables y máximos idílicos en los que podemos fijar nuestra existencia subjetiva. La estrategia es la siguiente: Fije su mínimo imprescindible en todas las áreas de su vida y luche por conseguirlo. Imagine lo peor que le puede pasar y tenga varios planes para solucionarlo. Esto le dará mucha seguridad, y ésta es la necesidad humana número uno. Yo construyo desde ahí, sueño desde ahí y hago lo mejor que puedo para conseguir mis metas y ser una persona feliz.

¡Yo nací para ser feliz y usted también! Le dejo como pasar de una buena vida a una vida extraordinaria en las diferentes áreas:

1. Pensamiento: de claridad de pensamiento a la sabiduría en la vida.

2. Sentimientos: de sentirse feliz a veces a ser una persona feliz.

3. Acciones: de la disciplina a la excelencia.

4. Ser individual: de la mediocridad a la mejor versión de sí mismo.

5. Ser social: de un miembro de la sociedad a líder social.

6. Salud: de normal a espectacular.

7. Posesiones: de conformarse a vivir en abundancia.

8. Profesión: de autorrealización a creador de riqueza social.

9. Finanzas: de plan de emergencia (10.000 dólares) a riqueza.

10. Espiritualidad: de irregularidad a vivencia continua.

Practique la ley del éxito: Usted nació para tener éxito y ser feliz. Tiene recursos infinitos a su disposición. ¡Úselos!
"Ser feliz es simple. Permítase a sí mismo ser feliz en el momento presente y haga pequeñas acciones todos los días que añadan un poco más de felicidad a su vida". Oscar Escallada

TERCERA PARTE.

LA PRÁCTICA DE LA FELICIDAD

1. PRÁCTICA DIARIA

Querido lector, ¿cómo fue su experiencia a través de las montañas y valles de la vida? Comenzamos con Júpiter y la mente, después Juno y los sentimientos, siguió Neptuno y el mundo de las acciones, entonces el dios Vulcano nos enseñó como desarrollar virtudes personales, y finalmente, la diosa Vesta, con sus increíbles poderes, nos instruyó en el difícil arte de las relaciones humanas en todas las áreas de la vida. Ésa fue la primera parte.

En la segunda mitad del viaje comenzamos con la diosa de la salud, Hygeia, ayudándonos a transformar nuestro físico y desarrollar hábitos saludables. Después conocimos a Plutón, dios de las riquezas y de la buena fortuna. Él nos guiará por el camino hasta llegar a nuestra riqueza personal. Después nos encontramos con el increíble Mercurio, dios del mercado, la ganancia y el comercio. Con él aprendimos que Dios nos entregó más talento y habilidades de las que jamás podríamos haber soñado y que nuestro regalo a Dios es hacer el mejor uso posible de dichos talentos para servir a nuestros semejantes. Seguidamente, entramos en el reino de las finanzas y aprendimos de la diosa Abundia que lo primero que debemos hacer es encontrar nuestro propósito en la vida y que las riquezas nos seguirán automáticamente. Finalmente, conocimos a Minerva, diosa de la sabiduría y de la espiritualidad. Nos enseñó que somos seres espirituales en cuerpos físicos, cómo disfrutar de la espiritualidad y cómo encontrar la sabiduría.

Ahora comienza la parte más interesante de toda la aventura. Todos los pensamientos y sentimientos positivos que hemos experimentado a lo largo del viaje, todas las metas soñadas y todas las maravillosas acciones que nos gustaría haber emprendido, se deben integrar en SU VIDA de forma diaria a través de un plan perfectamente organizado. Aquí, querido lector, tiene dos opciones. Una, puede emprender el plan de los 100 días, donde se centrará en un valor humano cada día. Dos, usted puede escoger el programa a la carta. Escoja los valores que más le llamen la atención y trabaje en ellos el tiempo que desee.

La idea es ayudar a los lectores a aplicar todos los conceptos a diario

100 VALORES – PROGRAMA DE 100 DÍAS

Le animo encarecidamente a que organice su plan de felicidad de la siguiente manera. Significa que trabajará un valor humano cada día durante los próximos 100 días. Le puedo asegurar que será una persona diferente al final del programa. Su vivencia de la felicidad habrá mejorado tanto que se preguntará por qué no lo hizo antes.

Le sugiero que se marque una fecha para comenzar el programa. Antes de comenzar vuelva a leer el libro y sueñe, imagine lo que le gustaría conseguir en cada uno de los capítulos. Con su ideal en mente, lea un capítulo al día. Anote en su diario de felicidad las acciones concretas que tomará para integrar los conocimientos adquiridos a su vida diaria. Haga eso durante los próximos 100 días y su vida nunca volverá a ser la misma.

Esta opción es una visión general, donde pequeños cambios en todas las áreas de la vida generarán un cambio extraordinario, un salto cuántico, en la calidad de su vida.

PROGRAMA A LA CARTA

Ésta es la segunda opción. "A la carta" significa según su elección. Usted elige los valores humanos que le gustaría mejorar, el número de acciones que tomará por valor y la cantidad de tiempo que le gustaría dedicar a cada valor humano.

Este programa es mejor si está interesado en unos pocos valores en particular. Algunas personas prefieren profundizar en valores concretos de algunas áreas nada más. Aquí también podrá experimentar un cambio cuántico como resultado acumulativo de pequeñas y diarias modificaciones. Es como el experimento en el que se cambiar un vaso de agua colorada a agua transparente al final de un proceso de ir añadiendo gotas continuas de agua clara.

A continuation presento un resumen de Ia primer a area de Ia vida (PENSAMIENTO). Si quiere mejorar un valor determinado, vaya a Ia parte de arriba de Ia pagina donde puede ver como pasar del polo negativo al polo positivo de ese valor en cuesti6n.

A		IMAGEN DE GANADOR	CONFIDENCE	CLARIDAD	DECISION	COMPROMISO
DE		BAJA AUTOESTIMA	BAJA AUTOCONFIANZA	CONFUSION	INDECISION	INDIFERENCIA
PENSAMIENTOS	1	¿quién quiere ser?	haga inventario	cambie su nivel de entendimiento	el poder de su mente	oferta infinita
	2	haga un compromiso	sea amable	olvide los fracasos del pasado	sea consecuente consigo mismo	usted puede lograr cualquier cosa
	3	mantenga la imagen en su mente	disfrute el momento	céntrese en el éxito del futuro	5 sentidos y 6 facultades mentales	creatividad ilimitada
SENTIMIENTOS	1	relájese	celebre el viaje	aprenda de la insatisfacción	felicidad continua	busque su pasión
	2	genere emociones positivas	sepa que conseguirá sus sueños	siéntase feliz	hago uso de su mente subconsciente	cree su mundo emocional
	3	sea responsable de todo	sienta la alegría de compartir	¿cuál es el deseo de su corazón?	use su poder de razonamiento	viva con pasión
ACCIONES	1	su mural de sueños	haga lo que ama hacer	del deseo al compromiso	3 objetivos más importantes	plan de acción
	2	tenga sus ídolos	ayude a los demás	visualice	siga a sus sentimientos	fuerte compromiso
	3	haga los cambios necesarios	mejórese a sí mismo	sea flexible	chequeo de decisiones	siga su plan
	4	comparta sus conocimientos	sea proactivo	sea creativo	¿cuál es su lema de vida?	revise su progreso

A		FE	ENTUSIASMO	EFICIENCIA	RESULTADOS	SABIDURIA
DE		DUDA	ABURRIMIENTO	INEFICIENCIA	BAJO RENDIMIENTO	IGNORANCIA
PENSAMIENTOS	1	elimine bloques mentales	escucha el significado de su realidad	piense en resultados extraordinarios	UN SUEÑO	transmutación perpetua
	2	encuentre su meta significativa	comparta su don	YO PUEDO	determinación	relatividad
	3	persiga sus sueños	sea auténtico	trabajo en equipo	persistencia	pensamiento
SENTIMIENTOS	1	tenga esperanza de conseguirlo	aprenda las lecciones de los problemas	sienta el miedo y hágalo de todas formas	cuide de su seguridad	vibración y atracción
	2	acepte sólo lo positivo	sienta emociones positivas	atraviese la barrera del terror	sea flexible	ritmo
	3	destruya la duda con fé	celebre la alegría de vivir	sienta orgullo por su éxito	actitud positiva	compensación
ACCIONES	1	cree un vacío	haga sus afirmaciones	6 acciones para el éxito	redefina los objetivos haciendo el camino	polaridad
	2	haga tarjetas de objetivos	haga lo que ama	use Pareto 20% acciones = 80% resultados	pequeñas recompensas continuas	género
	3	sea una inspiración	incremente sus fortalezas	propio código de excelencia	haga lo que dice que va a hacer	causa y efecto
	4	sea responsable por todo	mantega viva la llama	planee su tiempo	encuentre apoyo	éxito

Ahí encontrará 10 pensamientos, sentimientos y acciones que puede tomar de inmediato para mejorar ese valor concreto. Le invito a visitar nuestra página web, donde podrá encontrar el resto de capítulos del libro:

www.happyglobe-oe.com

2. El PODER DE SU MENTE

Tenemos un poder ilimitado en nuestra mente, sólo debemos aprender a utilizarlo. Según estudios científicos, la mente está dividida en dos partes, la mente consciente y la mente subconsciente. Por un lado, la mente consciente analiza la información que le llega a través de los sentidos como la vista, el oído, el olfato, el sabor y el tacto. Por otro lado, la mente subconsciente es la mente emocional. No puede diferenciar entre lo que es real y lo que es imaginado.

¿Cómo podemos usar ambas mentes para tener una vida feliz?

MENTE CONSCIENTE

El pensamiento es lo más característico del ser humano. Nos ha sido otorgado el regalo de seis facultades mentales: Percepción, Voluntad, Imaginación, Memoria, Razonamiento e Intuición. Somos responsables de su correcto uso y desarrollo.

La cuestión es no limitar la percepción de la realidad sólo a los 5 sentidos, sino desarrollar esas 6 facultades mentales para crear la vida que queremos. La percepción, vimos que todo depende de nuestro foco de atención. La voluntad nos da la fuerza para mantener el rumbo. La imaginación crea nuestros más preciados sueños que podemos intentar hacerlos realidad. Nuestra memoria es perfecta, sólo debemos ejercitarla y desarrollarla. El razonamiento nos da la habilidad para pensar. Finalmente, la intuición es la habilidad para captar las vibraciones del entorno.

MENTE SUBCONSCIENTE

Todos tenemos el genio de la Lámpara de Aladino en nuestro interior. Otro nombre es el subconsciente. La verdad es que usted puede lograr todo lo que se plantee, sólo debe creer en sí mismo, en caso contrario no lo logrará. Mantenga una clara imagen de su meta, véase siendo y haciendo lo que quiere, haga sus ejercicios de visualización y afirmación dos veces al día y su autoconfianza aumentará enormemente.

Esta nueva autoconfianza le hará hacer cosas que hasta ahora no se había atrevido a hacer y los resultados en su vida cambiarán como de la noche al día. Créame, yo viví esa transición en mi vida. Éste es el gran secreto de la felicidad y la satisfacción.

3. INTELIGENCIA EMOCIONAL Y SOCIAL

Dos de las habilidades más importantes que puede desarrollar para ser una persona más feliz a nivel individual, en grupo, en la familia, con amigos y en el trabajo son la inteligencia emocional y social.

Veamos cómo podemos desarrollar la inteligencia en ambos campos:

PENSAMIENTOS

1. Conózcase a sí mismo. Reconozca su emociones. Aprenda a reconocer sus emociones y los pensamientos que las originan. Aumente las emociones positivas y disminuya las negativas.

2. Reconozca los estados emocionales de los demás. Sea consciente y logre entender las emociones detrás de su comportamiento.

3. Perciba correctamente. Sea tan objetivo como pueda al analizar una situación, las personas involucradas y su resultado.

SENTIMIENTOS

4. Controle sus impulsos. Cuando somos capaces de reconocer,

nombrar y controlar nuestras emociones, estamos en una mejor posición para entendernos mejor a nosotros mismos y automotivarnos.

5. Controle cualquier tipo de conducta agresiva, hostil e irresponsable. Controle su expresión y aprenda a saber qué significa cada emoción. Hay información muy valiosa en cada una de ellas.

6. Controle sus emociones. Uno de los objetivos más importantes es desarrollar relaciones sociales positivas y constructivas.

ACCIONES

7. Sea auténtico. A nadie le gusta la gente que finge. Sea honesto consigo mismo. Recuerde "El tiempo pone a cada uno en su lugar".

8. Sea consciente de sus necesidades y de las de los demás. Primero, sepa lo que usted quiere y necesita, y luego es importante darse cuenta que todas las personas tienen sus necesidades y deseos.

9. Escoja quién quiere ser. Sea su propio experto en control de sí mismo. Escoja sus pensamientos, sentimientos y acciones.

10. Comparta sus dones con los demás. Use la empatía con los demás y el poder de la toma de decisiones para ganar en sabiduría cada día y crear un mundo con más compasión.

"Sed los unos con los otros benignos, misericordiosos, perdonándoos los unos a los otros, como también Dios os perdonó en Cristo". Efesios 4:32

4. ¿CÓMO PUEDE SER MÁS FELIZ? UN RESUMEN

Hagamos un resumen de todo lo que aprendimos

1. Haga sus rutinas por la mañana y por la noche: Relájese,

aprenda a disfrutar el momento, agradezca todo lo que es y tiene, céntrese en sus metas y envíe buenos deseos al mundo.

2. Cambie su enfoque mental. Ahora tiene 1.000 pensamientos, sentimientos y acciones que puede usar en su vida inmediatamente. Ahora puede pasar del polo positivo al negativo en todos los valores humanos que usted desee.

3. Lidere con ejemplo. Haga el compromiso con usted mismo de dar ejemplo de una persona feliz. Recuerde las lecciones del pasado, viva el presente al máximo y tenga esperanza de que todo saldrá bien en el futuro. Deje que sus actos hablen por usted.

4. Desarrolle su propia filosofía de vida, averigüe lo que es importante para usted y ayude a otros en el camino de la vida.

MENTE

Tiene absoluta libertad para utilizar el poder de su mente

SENTIMIENTOS

Ámese a sí mismo, a sus semejantes y a la vida

ACCIONES

Hágase responsable de todos los resultados de sus acciones

SER INDIVIDUAL

Sus mejores habilidades son el sentido del humor y optimismo

Tenga el valor de crear la vida con la que tanto sueña

SER SOCIAL

La comprensión y la comunicación abierta son las mejores

formas de interactuar con el mundo que le rodea

CUERPO

Trate a su cuerpo como le gustaría que le tratara

POSESIONES

Disfrute de todo hasta de lo más insignificante

PROFESIÓN

Busque su sentido personal de todo lo que hace

FINANZAS

Cree una red de múltiples fuentes de ingresos pasivos

ESPIRITUALIDAD

Deje que la sabiduría, el sentido común y la curiosidad sean su luz

5. ¡EMPIECE A CREAR MILAGROS EN SU VIDA!

Querido lector, hemos llegado a un lugar en el camino en el que usted ya dispone de todas las herramientas para empezar a generar resultados extraordinarios en su vida. Los podemos llamar "los milagros de su vida". Le animo a mejorar su vida a todos los niveles. Será una experiencia que nunca olvidará. ¡Confíe en mí!

MENTE

Sepa lo que quiere y persevere hasta conseguirlo

SENTIMIENTOS

Deje que el amor guíe su vida

ACCIONES

Sea una persona de acciones, revise su progreso y sea flexible

SER INDIVIDUAL

Sea la persona que siempre soñó ser

SER SOCIAL

Conviértase en la persona que siempre soñó ser en las diferentes áreas de la vida (familia, amigos, trabajo y comunidad)

CUERPO

Disfrute de un cuerpo espectacular y la vitalidad que merece

POSESIONES

Planee, obtenga y disfrute todo lo que desea

PROFESIÓN

Tenga el negocio que siempre soñó y disfrute al máximo de su profesión o trabajo

FINANZAS

Haga su plan para conseguir la independencia financiera y sígalo

ESPIRITUALIDAD

Conecte con su dimensión espiritual y deje que le guíe

"Se le puede arrebatar al hombre todo menos una cosa: La verdadera libertad, poder escoger la actitud con la que se interpretan las circunstancias... poder escoger su propia realidad". Victor Frankl, El Sentido de la Vida

CONCLUSIÓN

DISFRUTANDO DE UNA VIDA EXTRAORDINARIA

Podrá disfrutar de una vida maravillosa, solamente si cree que puede. Vea la vida como una experiencia constante y maravillosa, y disfrute del proceso tanto como pueda. Combine la espontaneidad de la juventud con la sabiduría de la experiencia para poder seguir creciendo, aprendiendo y amando.

Viva cada día como si fuera el día más importante de su vida, de hecho lo es. Nuestro destino no es más que el resultado de las pequeñas decisiones aparentemente insignificantes que tomamos todos los días.

Si controla sus pensamientos, sentimientos y acciones, tendrá el destino en sus manos, independientemente de las circunstancias. Lo más importante que puede controlar son sus pensamientos.

Todos tenemos el poder de dar el significado que escojamos a los eventos externos.

Los únicos límites que tiene son los que usted se impone a sí mismo. Las dificultades en el camino están ahí para fortalecer nuestro carácter y dar forma a nuestra personalidad.

Cualquiera de nosotros tiene el potencial de convertirse en el héroe de su propia vida, cuando tomamos las decisiones con valentía, incluso en medio de situaciones muy difíciles. Las personas felices y con éxito desafían a la adversidad y hacen lo que consideran correcto independientemente de la situación. Ser un héroe no requiere de un esfuerzo épico. Son los pequeños pasos, las pequeñas decisiones diarias que marcan la diferencia.

Esté preparado para sentirse incómodo cuando intente nuevas ideas y nuevas acciones. Estará fuera de su área de confort y eso es bueno, estará creciendo como persona. Tendrá que estar dispuesto a resistir las inevitables embestidas de la vida y seguir adelante;

en caso contrario, nunca será capaz de descubrir los límites de lo que es capaz.

La contribución a la sociedad no es una obligación, es una oportunidad de devolver a la comunidad sus dones y poner nuestro granito de arena para hacer un mundo mejor. Intente hacer pequeñas acciones para ayudar a otros. Ésta es la forma más segura de desarrollar una personalidad noble y poderosa.

Recuerde. Luche por conseguir equilibrio en su vida y no la perfección. La vida es un equilibrio entre dar y recibir, siempre cuidando de sí mismo y de los demás.

Siempre tenga en mente: Viva hoy como si fuera el último día y el más importante de su vida.

Luche por crear un mundo mejor para todos y por mejores posibilidades para las generaciones jóvenes.

Sueñe un maravilloso sueño y hágalo realidad. Viva con pasión todos los días de su vida

¡El cielo es el límite!

CREE LA VIDA DE SUS SUEÑOS EN SU MENTE AHORA Y VEA CÓMO SE TRANSFORMA EN REALIDAD

Éstas son las preguntas que le llevarán al tesoro:

1. ¿Qué pensamientos le gustaría tener?

2. ¿Qué sentimientos sueña con experimentar?

3. ¿Qué acciones quiere tomar?

4. ¿Quién quiere ser?

5. ¿Qué relaciones sociales le encantaría desarrollar?

6. ¿Qué cuerpo y sensación de bienestar desea?

7. ¿Cuáles son sus posesiones de ensueño (coches, casas)?

8. ¿Cuál sería su profesión ideal?

9. ¿Cuánto dinero le gustaría ganar?

10. ¿Qué tipo de experiencia espiritual le gustaría disfrutar?

Y éstos son los 10 tesoros que los dioses nos dejaron durante nuestra aventura en la tierra de la felicidad:

1. Escoja sus pensamientos y escoge su vida.

2. Deje que el amor guíe su camino.

3. Conseguirá todo con perseverancia.

4. Actúe como la persona en la que se quiere convertir.

5. Su mayor pasión: El servicio a los demás.

6. Trate su cuerpo como le gustaría que él le tratara a usted.

7. La clave de la riqueza está en ofrecer un servicio de calidad a la sociedad.

8. Sea la mejor versión de sí mismo. Ése es el mejor regalo a los demás.

9. Encuentre su propósito en la vida y el dinero llegará.

10. Busque la sabiduría y la felicidad aparecerá.

LLEGANDO A LA CIMA

LA BÚSQUEDA CONTINÚA...

¡Felicidades querido lector!

¡Lo consiguió! Pasó por los diez valles, conoció a los dioses y diosas, descubrió al genio en su interior y aprendió los secretos de una vida realmente feliz. Sin embargo, esto no es más que el comienzo de una nueva vida, SU VIDA. Lo que haga con estos secretos es su responsabilidad. Le animo encarecidamente a que los use todos los días de su vida y ayude a tanta gente como pueda en este camino común que todos compartimos, llamado vida. Cuantas más personas seamos, luchando por un mundo mejor, un mundo más feliz, mejor será para nuestra maltratada y única madre tierra, la humanidad y la raza humana.

¡Que Dios les bendiga!

BIOGRAFÍA

Nací y me crié en una preciosa ciudad del norte de España, llamada Santander. Desde temprana edad sentí una gran pasión por los libros, la comprensión del ser humano y por ayudar a todo aquel que podía.

Mi vida es un ejemplo viviente del logro constante. A los 17 años dejé mi ciudad natal para descubrir el mundo, trabajé y estudié en Estados Unidos, Canadá, Reino Unido, Alemania, Francia, México y Cuba. Hice dos licenciaturas (psicología y traducción/interpretación de idiomas), tres másters (dirección hotelera, recursos humanos y administración de empresas/marketing) y domino cuatro idiomas. Recientemente comencé la licenciatura de ciencias políticas y un máster en psicología clínica. Siempre tuve el afán de superarme continuamente en el terreno profesional (como profesor, traductor, vendedor y director de hotel), siempre haciendo ese esfuerzo extra para superarme a mí mismo.

A día de hoy, tengo el honor y la satisfacción personal de trabajar con Bob Proctor, enseñando estrategias de Éxito en la Vida más que probadas a nivel mundial y ayudando a miles de personas a mejorar su salud, riqueza y felicidad.

¿Qué sueños alberga su corazón? ¿Está disfrutando de la vida que una vez soñó para usted y sus seres queridos?

Caminemos juntos. Estaré con usted en cada paso del camino para juntos crear los cambios que sean necesarios y crear una vida extraordinaria. Estoy absolutamente convencido de la grandeza y potencial de sus habilidades mentales.

Liberemos todo su potencial con pasión y propósito, concentrándonos continuamente en sus metas y con la ayuda de la fuerza imparable que sólo un compromiso serio por su parte puede generar. Nacimos para ser lo máximo que podamos llegar a ser. ¡Haga que su vida se una aventura increíble!

"Pedid, y se os dará; buscad, y hallaréis; llamad, y se os abrirá". Mateo 7:7

HAPPY GLOBE

Creé la página web Happy Globe para usted y para todos aquellas personas interesadas en añadir gotas de sabiduría continua a su vida y crear una existencia más feliz todos los días. Podrá encontrar productos (libros, cds, dvds, vídeos, artículos), servicios (charlas, presentaciones, cursos en coaching y grupos de mente maestra), el blog sobre la felicidad y muchas sorpresas más.

Le invito a visitar la página web en la siguiente dirección:

www.happyglobe-oe.com

Querido lector, permítame compartir con usted un sueño que he tenido infinidad de veces. Me imagino que el planeta Tierra tiene un corazón que late cada segundo. Por cada latido del corazón me imagino a dos o más personas reunidas, tratando de mejorar su nivel de felicidad. Es una interacción donde una persona enseña a otra o a un grupo cómo mejorar algún aspecto de la vida. Además, es una interacción donde el profesor se convierte en alumno y el alumno en profesor.

El resultado querido lector, es un planeta, el planeta Tierra, nuestra casa, el hogar de la gran familia llamada humanidad, que sonríe segundo a segundo porque las personas que en ella viven hacen el bien, quieren mejorar y quieren ayudar a sus semejantes. Y digo más, **¿sabía que cuando la tierra sonría se reflejará en el resto del universo**? ¡Estoy seguro que Dios estará complacido!

Para más información en cómo ser parte de este extraordinario movimiento y comunidad, contáctenos en la página web.

Otros Programas y Productos para ayudarle a desarrollar todo su potencial...

"Alguien nos debería decir al principio de nuestras vidas que estamos muriendo. Entonces, igual viviríamos la vida al límite, cada minuto, cada día. ¡Hazlo! Insisto. ¡Lo que sea que quieras hacer, hazlo ahora! Nadie sabe cuantos mañanas habrá". Michael Landon

PROGRAMA DE COACHING PARA LA FELICIDAD
¡MAMÁ, PAPÁ, QUIERO SER FELIZ!

"Cambie su enfoque mental y cambiará su vida"

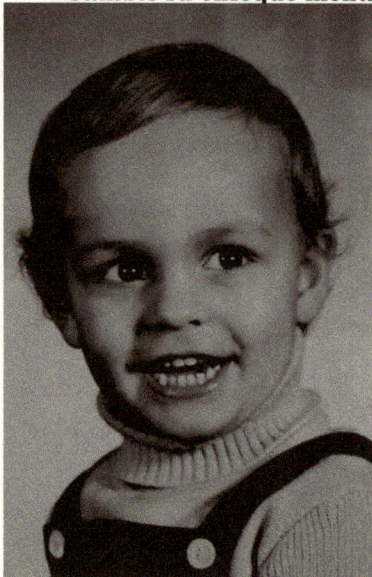

Oscar Escallada

Usted puede cambiar su nivel de felicidad en un instante. Yo cambié mi vida y de la misma forma usted podrá. Trabajemos juntos en ese maravilloso proyecto, SU VIDA.

Un coach (entrenador en español) o mentor le ayudará a transformar sus sueños en acciones concretas, creando un plan de objetivos y asistiéndole con toda la información y recursos que necesite para cambiar su conciencia, percepción y nivel de felicidad, y así mejorar su satisfacción en la vida en todas las áreas.

La efectividad del programa de coaching se basa en los ingredientes más efectivos para la felicidad: Apoyo continuo, planes de acción detallados, asesoría constructiva y responsabilidad personal.

El Programa de Coaching para la Felicidad de Oscar Escallada le enseñará como incrementar su conciencia y percepción de felicidad a un nivel que usted nunca pensó que sería posible. Primero, se dará cuenta que ser feliz es un estado mental interno. Después, comenzará a sentirse agradecido cada minuto por la alegría de vivir. Finalmente, centrará su mente, corazón y acciones en la parte positiva de 100 valores humanos en las 10 áreas de la vida.

Visit: www.happyglobe-oe.com

Or email: o1escallada@hotmail.com

           oscarescallada@lifesuccessconsultants.com

CONSULTOR DE ÉXITO

Me hice Consultor de Éxito en el año 2011 con Bob Proctor, el autor legendario de la película "El Secreto". Él mismo me certificó el 1 de Abril de 2011, autorizándome a enseñar, dar conferencias y vender los siguientes programas de Producciones LifeSuccess.

1. Nacido Para Ser Rico.

Usted puede liberar todo su potencial escondido para lograr cualquier sueño que haya podido imaginar, ya sea financiero, emocional, físico o espiritual.

2. Consiga Sus Metas.

Hay una gran diferencia entre proponerse metas y conseguirlas. Le enseñamos como conseguir sus metas en este gran programa.

3. Comisión con Misión.

Especialmente diseñado para todos aquellos que quieran convertirse en expertos en el mundo de las ventas e incrementar sus ganancias de forma exponencial.

4. El Puzzle del Éxito.

A veces intentar poner todas las piezas de la vida juntas es como hacer un puzzle sin una foto o dibujo. ¿Cómo se supone que has de saber cómo hacerlo sin una guía para ayudarle?

5. La Autoimagen Ganadora.

El programa de Autoimagen Ganadora está muy orientado a la acción y a la responsabilidad personal. ¡Cambie la imagen que tiene de sí mismo y podrá conseguir todo lo que se proponga!

Contacto:
www.oscarescallada.lisuccessconsultants.com
oscarescallada@lifesuccessconsultants.com

CONSULTOR DE EMPRESA
PROGRAMA "PENSANDO EN RESULTADOS"

Otro programa maravilloso en el que estoy trabajando es Pensando en Resultados, orientado a equipos de trabajo en empresas. Es el resultado de cincuenta años de trabajo en el poder de la mente del mundialmente reconocido orador Bob Proctor.

Los programas orientados a empresas enseñan a los líderes del mundo empresarial a todos los niveles a liberar el máximo potencial de su recurso más preciado, sus empleados o colaboradores internos.

Infinidad de empresas en esta economía debilitada afrontan los mismos retos, incluso algunas no sobreviven: Recursos muy limitados, disminución de ventas y empleados desmotivados con miedo a perder su puesto de trabajo. Los programas de empresa de LifeSuccess ponen a su disposición estrategias probadas para su éxito.

Pensando en Resultados es un programa extraordinario presentado en doce lecciones prácticas, lógicas y muy claras. Asegurará una cultura de empresa dinámica y orientada al éxito, redundando en un retorno de inversión excepcional para cualquier empresa.

"¡Dígame lo que desea y le enseñaré a que se haga realidad!".
Bob Proctor

FUNDACIÓN CENTRO DEL GLORIOSO SER DE GHANA, ÁFRICA

Glorious Being
Center

EMPOWERING
Children and Women to Greatness

Querido lector,

Con la compra de este libro estará apoyando al Centro del Glorioso Ser en Gana, África. Una parte de los beneficios se destinan a este maravilloso proyecto.

El Centro del Glorioso Ser es una organización sin ánimo de lucro fundada en el año 2004 y dedicada a enseñar las bases de una vida satisfactoria tanto a niños como a mujeres. Su misión es aportar soluciones y ayudar a los niños a salir de la pobreza, con un programa de ayuda de vivienda segura, comida y educación:

(I) Construyendo por afuera:

Proveer de unas condiciones de vida seguras y saludables, incluyendo un sistema bautizado con el nombre "permacultura" encargado de aportar víveres de forma sistemática. Puede consultar en www.gbcenter.org

(II) Construyendo por dentro:

Un sistema diseñado con un extenso número de asignaturas para enseñar a los niños a desarrollar una mentalidad positiva y triunfadora. Esto les permitirá desarrollar todo su potencial en el futuro y crear un mundo mejor para todos.

Les dejaré con un maravilloso mensaje de su presidenta, la Sra. Gloria Ramírez: "Cada momento es mágico, y cuando lo abrazamos tal y como llega, nos subimos a la hola de la felicidad y de la paz interior".